Kleine Mainzer Schriften
zur Theaterwissenschaft
Band 2

Theatralität und öffentlicher Raum

Die Situationistische Internationale
am Schnittpunkt von Kunst und Politik

von

Pia Wiegmink

Herausgegeben von Peter Marx,
Kati Röttger und Friedemann Kreuder

Tectum Verlag
Marburg 2005

Wiegmink, Pia:
Theatralität und öffentlicher Raum.
Die Situationistische Internationale am Schnittpunkt
von Kunst und Politik.
/ von Pia Wiegmink
- Marburg : Tectum Verlag, 2005
Kleine Mainzer Schriften zur Theaterwissenschaft; Bd. 2
ISBN 978-3-8288-8935-4

© Tectum Verlag

Tectum Verlag
Marburg 2005

Inhaltsverzeichnis

Vorwort 7

1. Einleitung 9
   1.1. Prolog 9
   1.2. Einleitung 11
   1.3. Forschungsstand 14

2. Positionsbestimmung: Der Schnittpunkt Kunst und Politik 17
   2.1. Spektakel und Situation: Theorie und Praxis 17
   2.2. Formation der SI als "Avantgarde der Avantgarde" 21
   2.3. Der Schnittpunkt von Kunst und Politik.. 24
      2.3.1. Die Aufhebung der Kunst.. 24
      2.3.2. Gesamtgesellschaftliche Kritik und ihre Praxis...................... 28
      2.3.3. Politische Organisation und (künstlerische) Avantgarde:
            Socialisme ou Barbarie und die SI 30
      2.3.4. Resümee des Schnittpunkts Kunst-Politik 35

3. Öffentlicher Raum 38
   3.1. Was ist öffentlicher Raum?.. 38
   3.2. Absolutistisches und relativistisches Raumverständnis.................... 39
   3.3. SI und Praktiken im öffentlichen Raum 41
      3.3.1. *Détournement* 41
      3.3.2. Psychogeographie und *Dérive* 46
   3.4. *The Naked City* und *Discours sur les Passions de l'Amour* 53
   3.5. Der unitäre Urbanismus 59
   3.6. *La Production de l'Espace*: Henri Lefèbvre und die SI 63
      3.6.1. Henri Lefèbvre und die SI... 63
      3.6.2. *La Production de l'Espace*... 67
   3.7. Alltag, Widerstand und öffentlicher Raum: 73

4. Theatralität und die Konstruktion von Situationen 78
   4.1. Die Konstruktion von Situationen... 78
      4.1.1. "Rapport über die Konstruktion von Situationen".................. 78
      4.1.2. Situation und öffentlicher Raum.. 81
      4.1.3. Die Gesellschaft des Spektakels 83
      4.1.4. Theater in der Gesellschaft des Spektakels 86
      4.1.5. 'urban festival' und antitheatrale Tradition 90
      4.1.6. Spektakel und Überwachung 93
      4.1.7. Die "Intervention von Spielen neuer Art"............................. 101
   4.2. Theatralität 105
      4.2.1. Theatralität und Wahrnehmung.. 105
      4.2.2. Theatralität und die Konstruktion von Situationen............... 110

4.2.3. Cultural Performance 113

5. 'Die Theorie in die Praxis umsetzen': Die SI und der Mai '68 118
5.1. Der Straßburg-Skandal 1966/67 119
5.2. De la Misère en Milieu Etudiant 121
5.3. Nanterre 124
5.4. Die 'Nacht der Barrikaden' 127
5.5. die Bewegung des Mai '68 und die Umsetzung Situationistischer Theorie 131

6. Schlussbemerkung 136

7. Literaturverzeichnis 139
7.1. Primärliteratur 139
7.2. Sekundärliteratur 140
    Radiobeitrag: 147
    Internetquellen: 147

8. Abbildungsverzeichnis: 148

Vorwort

Pia Wiegmink setzt sich in der vorliegenden Studie mit den Aktionen der Situationistischen Internationalen (SI) und deren Theorien auseinander.

Damit führt auch der zweite Band in der Reihe "Kleine Mainzer Schriften der Theaterwissenschaft" den im ersten Band gesetzten kulturwissenschaftlichen Akzent fort, diesmal allerdings erweitert um den Theatralitätsdiskurs.

Damit wagt sich die Autorin auf ein bislang innerhalb der Theaterwissenschaft noch weitgehend unerschlossenes Gebiet. Denn obwohl die Aktionen und die kritischen Kulturtheorien der SI (bekanntestes Manifest dürfte "La societé du spectacle" von Guy Debord sein) zahlreiche Bezüge zur Performance-Kunst aufweisen, hat deren Rezeption innerhalb der Theaterwissenschaft erst in jüngerer Zeit eingesetzt.

Pia Wiegmink begegnet diesem Desiderat, indem sie einen anspruchsvollen und weiten Rahmen setzt, um die SI aus theaterwissenschaftlicher Perspektive einzuordnen.

Zum einen stellt sie einen Bezug zur gegenwärtigen Theatralitätsdebatte her, wodurch es ihr gelingt, die Konstruktion der situationistischen politischen Aktionen als eine Form von Theatralität an der Grenze zwischen Kunst und Alltag zu beschreiben, mittels derer die gezielten Experimente im urbanen Raum sich gleichzeitig als aktionistische Experimente mit der Wahrnehmung gesellschaftlicher Strukturen und Ordnungen erweisen.

Besonders aufschlussreich für die theaterwissenschaftliche Forschung ist darüber hinaus die von Frau Wiegmink geleistete historische Einordnung der SI, denn sie verharrt nicht dabei, den engen Zusammenhang mit ästhetischen Konzepten der historischen Avantgarde aufzuzeigen, sondern schlägt auch einen direkten Bogen zu aktuellen Praktiken des politischen Theaters etwa von Christoph Schlingensief. Schon allein der dieser Arbeit zugrunde liegende erhebliche Rechercheaufwand und die damit verbundene

Materialfülle tragen dazu bei, dass die vorliegende Studie als ein wesentlicher Beitrag zur aktuellen kulturwissenschaftlichen Auseinandersetzung mit Fragen zur Politizität des Theaters, zur Theatralität urbaner Räume und zur Geschichte der SI gewertet werden muss.

Dr. habil. Kati Röttger

1. Einleitung

1.1. Prolog

Im September 2003 wanderte der Aktionskünstler Christoph Schlingensief in acht Tagen mit den Anhängern[1] der *Church of Fear*, seinem jüngsten Projekt, den Rhein entlang von Köln nach Frankfurt. Als letzte Station dieser 'Pilgerreise' veranstaltete Schlingensief im Bockenheimer Depot einen zweitägigen 'Abendmahl-Kongress' mit den 'Gemeindemitgliedern' und zudem mit Theaterbesuchern des schauspielfrankfurt. Darauf folgte ein einwöchiger Pfahlsitzwettbewerb. Die Teilnehmer dieses Wettbewerbs waren Freiwillige - Manager, Punks, Arbeitslose und Lebenskünstler -, die mit Aussicht auf einen Geldgewinn auf den an der Frankfurter Hauptwache errichteten sieben Holzpfählen sechs Tage und Nächte verbrachten. Diese bereits auf der Biennale in Venedig präsentierte Aktion war in der Haupteinkaufszone Frankfurts platziert. Auf die Frage, was die *Church of Fear* eigentlich sei, antwortete Schlingensief: "Die politischen Systeme sagen: 'Gib mir deine Angst und wir machen etwas daraus.' [...] Und deshalb sagt die CoF: 'Behalte deine Angst, gib deine Angst nicht weg.'" [2]

Christoph Schlingensief bietet in seinen Aktionen jedoch nicht nur bloß eine künstlerische Verarbeitung der Themen 'Terror' und 'Angst', sondern schafft Aktionsmöglichkeiten, in denen die Rolle des passiven Betrachters aufgehoben und das Mitwirken von Kunst- und Theatergängern zu einem konstitutiven Bestandteil seiner Aktionen gemacht wird. Bei der Aktion *Church of Fear* negiert Schlingensief den räumlichen wie zeitlichen Rahmen einer gewöhnlichen Aufführung; der urbane, öffentliche Raum wird zum Aktionsfeld künstlerischer Prozesse. Mit seinen Aufrufen zur Planung von terroristischen Taten agiert er zudem auf äußerst provokante Weise politisch und antizipiert eine Beteiligung, bei der die Trennung zwischen Zuschauer und Akteur aufgelöst und die Position des Künstlers relati-

---

[1] In dieser Arbeit werden der Einfachheit halber nur die maskulinen Formen im Singular und Plural verwendet. Diese schließen jedoch die weiblichen Formen mit ein.

[2] Langer, Michael (2003): *Sein Fett, sein Filz, sein Hase - der Künstler Christoph Schlingensief.* Bayern 2. Feature, gesendet am 4. 09. 2003.

viert wird. Bei *Church of Fear* war Schlingensief selbst nur einige Stunden täglich anwesend, während die Pfahlsitzer Tag und Nacht 'ausharrten'. Im Verlauf des 'Wettbewerbs' trafen Menschen verschiedener gesellschaftlicher Bereiche aufeinander und die Aktion entwickelte eine Eigendynamik, die sich der Kontrolle des Künstlers entzog:

> Showeinlagen, aber keine Show: [...] [d]ie eigentliche Substanz des Projektes [zeigt sich] da, wo es sich entspannt und verselbstständigt: An der Frankfurter Hauptwache lagert eine Gruppe Punks um „ihren" Pfahlsitzer, kommen Banker um zu spotten, Christen um sich zu streiten, Kulturszene um zu belächeln, Antifa um nach Möglichkeiten einer Zusammenarbeit zu fragen.[3]

Diese Art Nutzung des öffentlichen Raums für "Kunst mit *politics*"[4] ist jedoch nicht neu. Schon zu Beginn des 20. Jahrhunderts initiierten die Vertreter der Historischen Avantgarde, des Dadaismus, des Surrealismus und des Futurismus einen "grundsätzlichen Paradigmenwechsel"[5] der Kunst, indem sie die Aufhebung der Autonomie der Kunst als isolierten gesellschaftlichen Raum proklamierten und den Anspruch verfochten, Kunst und Leben zusammenzuführen.[6] Elisabeth Jappe schreibt dazu in ihrem *Handbuch der Aktionskunst in Europa*:

> Besonders wichtige Mittel in dieser Auseinandersetzung zwischen der musealen Kunst und neuen, z.T. noch nicht genau formulierten Ideen war die Aktion und das Manifest. [...] In der ersten Hälfte unseres Jahrhunderts stand gerade die Aktionskunst entweder im Zeichen des Protests, oder sie hatte - positiver - die Aufgabe, immer vor dem Hintergrund

---

[3] Malzacher, Florian (2003): "Die Kirche lebt." In: *Frankfurter Rundschau*. 18.9.2003.

[4] Diesen Ausdruck verwendet Holger Kube Ventura in seiner Analyse *Politische Kunst Begriffe*. Er wird in Kapitel 2 noch einmal detaillierter erläutert. Kube Ventura, Holger (2002): *Politische Kunst Begriffe*. Wien, 18.

[5] Jappe (1993), 11.

[6] Vgl. Bürger (1974), 29. Eine genaue Darstellung dieser Programmatik kann im Rahmen dieser Arbeit nicht ausgeführt werden. Eine kurze, für die Situationistische Internationale relevante Behandlung der Thematik erfolgt jedoch in Kapitel 2.

einer beklagenswerten Realität, Modelle, Utopien, Vorschläge für eine bessere Welt zu verbreiten.7

1.2. Einleitung

Die französische Nachkriegsavantgardebewegung Situationistische Internationale (SI), die Untersuchungsgegenstand der vorliegenden Arbeit ist, knüpft mit ihren künstlerischen Projekten und ihren theoretischen Ideen und Konzepten an diese von der Historischen Avantgarde initiierten Prozesse an. In Paris, der kulturellen Hauptstadt Europas[8] nach dem 2. Weltkrieg, praktizierte die SI eine künstlerische wie auch politische Haltung der Verweigerung und des Protestes gegen bestehende Ordnungen, respektive gegen das von ihr zum Feind erklärte "Spektakel". Darüber hinaus hatte sie jedoch auch, ebenfalls im Sinne der Historischen Avantgarde, konkrete Vorschläge zur Schaffung einer 'besseren Welt'. Bereits zur Gründungskonferenz ist die Suche nach Interventionsmöglichkeiten in das alltägliche Leben als einer der Grundgedanken der Bewegung festgelegt. Dabei suchte die SI vor allem nach Möglichkeiten einer bewussten Konstruktion von Situationen, welche die Gesellschaft in ihren sozialen, ökonomischen und politischen Gegebenheiten in Frage stellen und verändern sollte.

Hervorgehend aus dem Zusammenschluss unterschiedlicher künstlerischer Gruppierungen aus Frankreich, Deutschland, Skandinavien und Italien verstand sich die SI zu Beginn als eine Vereinigung, deren Operationsbereich zunächst innerhalb des Bereichs der Kunst angesiedelt war. Nach nur einigen Jahren, nachdem die Mehrzahl der Künstler ausgeschlossen wurde, vollzog die SI allerdings eine Abwendung von der Kunst und konzentrierte sich mit ihren Theorien und Proklamationen auf die politisch-soziale Revolution der 'Gesellschaft des Spektakels'. Die theoretischen und praktischen Konzepte der SI und die durchaus zu diskutierende Verwirklichung ihrer Ideen in der Mairevolte 1968, welche zugleich auch den Anfang vom Ende dieser künstlerisch-revolutionären Vereinigung markierte, sind ein besonderes Kapitel der (vor allen Dingen französischen) politischen wie auch kunstgeschichtlichen Epoche der sechziger und siebziger Jahre.

---

7   Jappe (1993), 11.
8   Vgl. Jappe (1993), 15.

Das folgende Unterkapitel (1.3.) wirft einen kurzen Blick auf den heutigen Forschungsstand zur SI. Gegenstand des zweiten Kapitels wird die künstlerische wie auch politische Standortbestimmung der Bewegung sein. Dabei zeigt dieses Kapitel die historische Zusammensetzung der Bewegung auf und führt in ihre theoretischen Grundlagen - den Begriff des Spektakels und die konstruierte Situation - ein. Kapitel 3 untersucht die Nutzung des öffentlichen, besonders des urbanen Raums durch die SI im Hinblick auf die in Kapitel 2 thematisierten Haltungen gegenüber Kunst und Politik. Welcher alltäglichen Praktiken bedient sich die SI, um den öffentlichen Raum zu sabotieren, zu subversieren und gegebenenfalls auch zu transformieren? Diese einzelnen Praktiken kumulieren in dem Gesamtkonzept der Konstruktion von Situationen, im Sinne von gesellschaftlichen Leerstellen, von denen aus sich die SI eine Veränderung gesellschaftlicher Verhältnisse en gros versprach. Kapitel 4 setzt die Überlegung des dritten Kapitels fort, indem es die Konstruktion von Situationen im Hinblick auf die Wahrnehmung des öffentlichen Raums untersucht. Dabei soll die konstruierte Situation als eine Form der Theatralität beschrieben werden, welche die urbanen Strukturen und die ihnen inhärenten Machtkonstellationen sichtbar und auch verhandelbar macht. Das einleitende Beispiel der *Church of Fear* von Christoph Schlingensief veranschaulicht dabei sehr deutlich, wie der öffentlichen Raum und seine Inszenierung als Verhandlungsort politischer und gleichzeitig auch künstlerischer Normen genutzt werden kann und diese in Frage stellt. Obdachlose, Arbeitslose und andere gesellschaftliche Außenseiter, also Menschen, die meist ungehört und ungesehen bleiben (sollen), 'thronen', singen, reden und 'predigen' plötzlich fünf Tage lang am zentralsten Ort der Stadt. Hier kann meines Erachtens durchaus von einer konstruierten Situation im Sinne der SI die Rede sein, einer Situation, welche gesellschaftliche Strukturen sichtbar macht und die Wahrnehmung dieser (zumindest kurzzeitig) verändert. An die Analyse des Konzeptes der Konstruktion von Situationen anknüpfend diskutiert Kapitel 5 den Einfluss der SI auf den Mai '68 wie auch die Konsequenzen, die sich aus den Ereignissen dieser Zeit für die Organisation der SI und ihrer Haltung gegenüber der Gesellschaft ergeben haben. Können die Studentenunruhen von '68 und der darauf folgende Generalstreik als Konstruktion von Situationen interpretiert werden? Welchen Einfluss hatte die SI als 'revolutionäre Bewegung' auf die Antizipation dieser Ereignisse?

Anhand der aufgezeigten Themenschwerpunkte wird deutlich, dass sich die vorliegende Arbeit in erster Linie mit dem theoretischen Material der SI auseinander setzt. Dafür werden die schriftlichen Ausführungen der zwölf Ausgaben ihrer Zeitschrift *internationale situationniste*[9], sowie Debords "Rapport sur la Construction des Situations"[10] und seine Publikation *La Société du Spectacle*[11] als primäre Quellen herangezogen. In diesem Kontext können die praktischen, vor allem die explizit künstlerischen Arbeiten der SI, die Bilder und Collagen, wie auch ihre Filme, nur sehr bedingt untersucht werden. Gleichsam lassen der gewählte thematische Rahmen des Schnittpunktes von Kunst und Politik und der begrenzte Umfang dieser Arbeit keine eingehende Betrachtung anderer Themenkomplexe zu. So können etwa das Geschichtsverständnis der SI oder ihre Auffassung von Religion, sowie ihr besonderer Vorbehalt gegenüber der Sprache nicht näher untersucht werden. Ich spreche immer von *der* SI. Natürlich ist diese evozierte Homogenität der Bewegung illusionär. Eine genaue Untersuchung der internen Strukturen und Interessensausrichtungen, auch im Hinblick auf die geschlechterspezifischen Machtkonstellationen innerhalb der Bewegung, ist in dem hier vorgegebenen Rahmen jedoch nicht möglich. Deshalb werde ich im Folgenden weiterhin von *der* SI im Singular sprechen. Die zentralen Fragen, mit denen sich diese Arbeit beschäftigen wird, lauten: Wie verändert die SI die Wahrnehmung von öffentlichem Raum? Welche künstlerischen wie politischen Haltungen liegen dieser Wahrnehmungsveränderung zugrunde und welchen Praktiken bedient sich die SI, um die Wahrnehmung von öffentlichem Raum und damit auch die Konstitution von Gesellschaft an sich verändern zu wollen?

---

[9] Mittelstädt, Hanna (Hg.) (1976): *Situationistische Internationale 1958-1969. Gesammelte Ausgaben des Organs der Situationistischen Internationale.* (Band 1). Hamburg; und Mittelstädt, Hanna (Hg.) (1977): *Situationistische Internationale 1958-1969. Gesammelte Ausgaben des Organs der Situationistischen Internationale.* (Band 2) Hamburg.

[10] Debord, Guy (1995c): "Rapport über die Konstruktion von Situationen und die Organisations- und Aktionsbedingungen der internationalen situationistischen Tendenz." [**orig.: 1957**] In: Gallisaires, Pierre/ Mittelstädt, Hanna/ Ohrt, Roberto (Hg.): *Der Beginn einer Epoche.* Hamburg, 28-44.

[11] Debord, Guy (1996): *Die Gesellschaft des Spektakels.*[**orig.: 1967**] Hamburg.

1.3. Forschungsstand

Die Tatsache, dass während der Existenz der SI keine unmittelbare Rezeption der Bewegung stattfand, zeigt, dass die SI bis zum Mai '68 als weitestgehend unbekannte Untergrundbewegung und unbeachtete Avantgardeformation existierte. Andererseits kann man die nicht vorhandene Rezeption jedoch auch als Indiz dafür lesen, wie sehr sich die SI einer 'Rekuperation' durch das Spektakel, also auch der Kunst- und Konsumindustrie, widersetzte. Nach der offiziellen Auflösung der SI 1972 wurde in den folgenden fünfzehn Jahren kaum etwas über die SI publiziert.[12] Dies lässt vermuten, dass die SI nur wenig direkten Einfluss auf die politischen und gesellschaftlichen Ereignisse ihrer Zeit hatte und dass ihre Theorien und Konzepte erst Ende der achtziger Jahre mit einem erweckten Interesse an der historischen und gesellschaftlichen Analyse der 'wilden Sechziger' wieder entdeckt und rezipiert wurden. Im Vordergrund des Interesses standen Fragen nach künstlerischen Vorgängern, einer historischen Einordnung und Rekonstruktion der Geschichte der SI. Beispielhaft ist hier Roberto Ohrts Dissertation von 1988, die ein Jahr später unter dem Titel *Phantom Avantgarde. Eine Geschichte der Situationistischen Internationalen und der modernen Kunst*[13] veröffentlicht wurde. In diesen Zeitraum fallen ebenfalls die Dokumentation "Von der Utopie einer kollektiven Kunst"[14] im *Kunstforum International* (1991) sowie eine ausführlich dokumentierte Ausstellung des Centre Georges Pompidou im Jahre 1989, die daraufhin auch in London und Boston zu sehen war.[15] Eine weitere Ausstellung folgt 1998 in Form einer Retrospektive im Museum Moderner Kunst Stiftung Ludwig in Wien, in der die unterschiedlichen Mitglieder in ihrer künstlerischen Orientierung im Zentrum des Interesses standen.[16]

---

[12] Vgl. Ohrt, Roberto (2000b): "N'écrivez jamais: Bibliographie zu den Situationisten 1990-1999." In:ders. (Hg.): *Das grosse Spiel. Die Situationisten zwischen Politik und Kunst.* Hamburg, 171-219.

[13] Ohrt, Roberto (1990): *Phantom Avantgarde. Eine Geschichte der Situationistischen Internationale und der modernen Kunst.* Hamburg.

[14] Rötzer, Florian (Hg.) (1991): "Von der Utopie einer kollektiven Kunst." In: *Kunstforum International* (116), 70-314.

[15] Sussman, Elisabeth (Hg.) (1991): *On the Passage of a few People Through a Rather Brief Moment in Time: The Situationist International 1957-1972.* Cambridge, Massachusetts.

[16] Schrage, Dieter (Hg.) (1998): *Situationistische Internationale 1957-1972.* (Ausstellungskatalog Museum moderner Kunst Stiftung Ludwig) Wien.

Parallel zu der Präsentation der künstlerischen Werke der SI in England und den USA ist ebenfalls eine Verlagerung des Forschungsinteresses zu beobachten, die vom angloamerikanischen Raum ausgeht. 1989 schrieb Greil Marcus mit seinen *Lipstick Traces* eine *Secret History of the Twentieth Century*, wie sein Werk im Untertitel heißt. Ausgehend von der Punk Band The Sex Pistols verfolgte Marcus deren Beeinflussung durch die SI und stellte somit als einer der ersten die SI in einen größeren kultur-wissenschaftlichen wie auch popkulturellen Zusammenhang. Eine ähnliche Vorreiterposition kommt Sadie Plants 1991 veröffentlichten Studie *The Most Radical Gesture: The Situationist International in a Postmodern Age* zu, in der Plant die SI in Kontext zu ihren zeitgenössischen Theoretikern wie Foucault, Deleuze, Baudrilliard oder Lyotard setzt.

Spätestens seit des Selbstmordes Guy Debords im Jahre 1994, erfährt die SI ein 'Revival' enormen Ausmaßes. Guy Debord kontrollierte und behinderte zu Lebzeiten den Informationsaustausch über die SI enorm. Vor allen Dingen im englischsprachigen Raum erscheinen daraufhin gehäuft Veröffentlichungen zu der Geschichte der SI und ihrem radikalen Potential. Dabei sind es vor allen Dingen links orientierte Verlage sowie ehemalige Situationisten, die nicht ohne nostalgischen Tonfall an die großen revolutionären Zeiten der SI erinnern[17]. Nun erscheinen auch eine Vielzahl von Biographien über Guy Debord.[18]

Zum Ende des Jahrtausends hin erfährt die SI eine endgültige Eingliederung in den akademischen Kanon; amerikanische Universitätsjournale widmen Guy Debord und der SI komplette Ausgaben.[19]

---

17 So beispielsweise die AK Press Edinburgh/San Francisco, das Bureau of Public Secrets Berkeley oder die Autonomedia, Rebel Press New York/London und die Beiträge von Donald Nicholson Smith, Christopher Gray und Ralph Rumney in Stewart Home (1996): *What is Situationism? A Reader*. Edinburgh.

18 Hier wären exemplarisch zu nennen: Jappe, Anselm (2001): *Guy Debord*. Paris; Bracken, Len und Becker-Ho, Alice (1997): *Guy Debord - Revolutionary*. Venice California; sowie Bouseillers, Christopher (1999) *Vie et Mort de Guy Debord*. Paris; Hussey, Andrew (2001): *Game of War : The Life and Death of Guy Debord*. London. Im Frühjahr 2004 erscheint zudem die deutsche Übersetzung von Kaufmann, Vincent (2001): *Guy Debord : La Révolution au Service de la Poésie*. Paris.

19 "Guy Debord." *Substance: A Review of Theory and Literary Criticism*. (1999, 13, 3) und "Guy Debord and the Internationale Situationiste." *October* (1997, 79, 4).

Innerhalb dieser Entwicklung der Akademisierung und Historisierung der SI lässt sich ebenfalls eine generelle Tendenz hin zu gesellschafts- und kulturwissenschaftlichen Schwerpunkten und damit auch der Verknüpfung von Kunst und Politik in Bezug auf die Untersuchung der SI feststellen, wie sie von Plant und Marcus zu Beginn der neunziger Jahre bereits unternommen wurden und beispielsweise von Ohrt[20] und McDonough[21] weitergeführt werden.

Ebenfalls zu Beginn des Jahrtausends lässt sich ein erwachtes Interesse der Theater- und auch Filmwissenschaft an dem Gedankengut der SI und besonders Guy Debords Publikation *La Société du Spectacle* beobachten.[22] Walter Mosers Aufsatz setzt zum ersten Mal ganz explizit das Spektakel in Kontext zu Fragen nach Repräsentation und Theatralität.[23] In diesem Kontext sei auch auf ein besonderes Interesse an den situationistischen Ideen in Bezug auf die neuen Medien, mediale Vermittlung und Überwachung[24] hingewiesen, wie es auch anhand der im Zentrum für Kunst und Medientechnologie (ZKM) im Herbst 2001 von Roberto Ohrt organisierten Ausstellung über Guy Debord sichtbar wird.[25] Dabei erscheinen besonders das Internet und die sich in ihm formierenden Interventionsformen des politischen wie künstlerischen Widerstandes als eine Fortführung situationistischer Ideen.[26]

---

[20] Ohrt, Roberto (2000): *Das grosse Spiel. Die Situationisten zwischen Kunst und Politik*. Hamburg.

[21] McDonough, Tom (2002): *Guy Debord and the Situationist International. Texts and Documents*. Cambridge, Massachusetts.

[22] so beispielsweise: Albright, Deron (2003): "Tales of the City: Applying Situationist Social Practice to the Analysis of the Urban Drama." In: *Criticism* (45, 1), 88-108; White, G. D. (2001): "Digging for Apples: Reappraising the Influence of Situationist Theory on Theatre Practice in the English Counterculture." In: *Theatre Survey* (42, 2), 177-190.

[23] Moser, Walter (2001): "Die Rückkehr des Barock in der Gesellschaft des Spektakels." In: Fischer-Lichte, Erika (Hg.): *Theatralität und die Krisen der Repräsentation*. Stuttgart, 281-298.

[24] Finter, Helga (2000): "Theatre in a Society of the Spectacle." In: Voigts-Virchow, Eckart: *Mediated Drama - Dramatized Media*. Trier, 43-55.

[25] Vgl. http://on1.zkm.de/zkm/ausstellungen/debord 26. 11. 2003.

[26] Vgl. hierzu beispielsweise: autonome a.f.r.i.k.a gruppe/ B., Luther/ Brünzels, Sonja (1997). *Handbuch der Kommunikationsguerilla*. Berlin; Critical Art Ensemble (2000): "Recombinant Theatre and Digital Resistance". In: *The Drama Review* (44, 4), 151-166; Best, Steven und Douglas Keller (1999): "Debord, Cybersituations, and the Interactive Spectacle." In: *Sub-*

2. Positionsbestimmung: Der Schnittpunkt Kunst und Politik

2.1. Spektakel und Situation: Theorie und Praxis

Der englische Historiker Arthur Marwick schreibt in seiner Studie *The Sixties*, dieses Jahrzehnt sei "of an outstanding historical significance in that what happened during this period transformed social and cultural developments for the rest of the century."[27] Marwick spricht von den 'long sixties', deren Zeitspanne er nicht mit dem entsprechenden entsprechende Jahrzehnt definiert, sondern die er auf den Zeitraum 1958-1974 ausdehnt.[28] In seiner Studie untersucht Marwick vor allen Dingen die sozialen und kulturellen Entwicklungen dieser Zeitspanne und wählt deshalb als Ausgangspunkt das Jahr 1958, da hier eine "growing power of young people [and] the particular behaviour and activities associated with them"[29] beginnen. Diesen Zeitraum analysiert Marwick als eine Akkumulation mehrerer parallel verlaufender Entwicklungen, die sich sowohl auf der strukturellen als auch auf der ideologischen und institutionellen Ebene[30] der von ihm untersuchten Gesellschaften (USA, Frankreich, England und Italien) vollziehen.

> The expansion in the number of teenagers would not, of itself, have created the changes of the sixties. That needs to *coincide* with the continuing affluence in America and the rapid economic expansion in Europe, *and* with the new ideologies of civil rights, challenge to the family and other authorities, 'Free Speech', *and* with technological innovation, *and* with the birth of rock' n 'roll.[31]

---

stance (18, 3), 129-156; Conrads, Martin (2003): "Den Netzaktivismus auf die Straße tragen." In: Babias, Marius und Waldvogel, Florian (Hg.): *Die offene Stadt. Anwendungsmodelle*. Ausstellungskatalog Kokerei Zollverein. Zeitgenössische Kunst und Kritik, Essen.

27 Marwick, Arthur (1998): *The Sixties: Cultural Revolution in Britain, France, Italy and the United States, c.1958-1974*. Oxford, 5.
28 Für eine detaillierte Erläuterung des gewählten Zeitraums vgl, Marwick (1998), 7-9 und 41f.
29 Marwick (1998), 8.
30 Vgl. Marwick (1998), 24.
31 Marwick (1998), 25; Hervorhebung des Autors.

Innerhalb dieses Zeitraums von maßgeblichen sozialen und kulturellen Veränderungen vollzieht sich die "Geschichte" der Situationistischen Internationalen, die sich 1957 formierte und 1972 - nachdem 1969 die Publikation ihrer Zeitschrift eingestellt wurde - 'offiziell' ihre Auflösung bekannt gab.[32] Betrachtet man, wie Marwick, diese Veränderungen der sechziger Jahre als Koinzidenz bzw. als eine Interdependenz unterschiedlicher gesellschaftlicher Veränderungen, so kann man die Gründung der SI als einen Zusammenschluss internationaler Künstler nicht losgelöst von den gesellschaftlichen Umwälzungen begreifen, innerhalb deren sie sich formierte.

> The Situationist came up with the headiest mix of the main ingredients of sixties activism, protest, art, counter-culture, and fun: the 'liberation of desire'; the energetic involvement of everyone; sustained attacks on 'bourgeois society'; aiming at its overthrowal. Bourgeois society was excoriated for its consumerism and the passivity of the masses; it was the 'society of the spectacle', with art merely a part of consumerism.[33]

Wie das angeführte Zitat Marwicks bereits andeutet, richtet sich die situationistische Kritik des Spektakels sowohl auf der künstlerischen als auch auf einer gesellschaftspolitischen Ebene gegen die bestehende Ordnung. Die Autonomie der Kunst als eine vom gesellschaftlichen Leben getrennte Sphäre wurde kritisiert. Auf einer politischen sowie gesellschaftlichen Ebene wurde gegen das "spectacle of capital, party politics and imperialism"[34] rebelliert. Ganz im Sinne der von Marwick für die sechziger Jahre beschriebenen "formation of new subcultures and movements, generally critical of, or in opposition to, one or more aspects of established society"[35] zeichnet sich auch die SI vor allen Dingen durch ihre Anti-Haltung, ihre Verweigerung gegenüber dem etablierten Kunstbetrieb, dem Kapitalismus und dem Bürokratismus der politischen Organisationen aus.[36] Mit dem Begriff des Spektakels, wie ihn Debord dann 1967 als "kritische

---

[32] Vgl. Gray, Christopher (1996): "Essays from Leaving the 20th Century." [**orig.: 1974**] In: Home, Stewart (Hg.): *What is Situationism. A Reader.* Edinburgh, 21.

[33] Marwick (1998), 32.

[34] Sadler, Simon (1998): *The Situationist City.* Cambridge, Massachusetts, 43.

[35] Marwick (1998), 17.

[36] Vgl. "Minimale Definition der Revolutionären Organisation." (*SI Nr. 11,* 1967), 304.

Theorie"[37] in seinen 221 Thesen in *La Société du Spectacle* analysiert, definiert die SI von Beginn ihrer Existenz an ihr Feindbild: "When the situationists identified the slippery spectacle as their enemy, they abandoned the comfortable certainties of monolithic social, economic, political and material formations."[38] Obwohl Debord in *La Société du Spectacle* keine systematische Definition des Begriffes vornimmt, sondern vielmehr eine kaleidoskopische Ansammlung unterschiedlicher Manifestationen des Spektakels präsentiert, lässt sich das Spektakel doch weitestgehend mit der Gesamtheit der Ausprägungen des Kapitalismus in der modernen Gesellschaft gleichsetzen.[39] "The situationists characterised modern capitalist society as an organisation of spectacles: a frozen moment of history in which it is impossible to exercise real life or actively participate in the construction of the lived world."[40] Der Bereich, in dem dieser Entfremdung des Lebens entgegengewirkt werden sollte, war das alltägliche Leben.[41] So schreibt Debord 1961 in "Perspektiven zu einer bewussten Änderung des alltäglichen Lebens":

> Die revolutionäre Umwandlung des alltäglichen Lebens, die nicht einer unbestimmten Zukunft vorbehalten, sondern durch die Entwicklung des Kapitalismus und seiner unerträglichen Forderungen unmittelbar vor uns gestellt wird, [...] diese Umwandlung wird das Ende jedes einseitigen, als

---

37 Debord (1996), 7.
38 Sadler (1998), 43.
39 Eine detaillierte Analyse der einzelnen Facetten des von Debord beschriebenen Spektakels ist im Rahmen dieser Arbeit nicht möglich und meines Erachtens auch für den gewählten Untersuchungsbereich nicht relevant. Stattdessen wird in jedem Kapitel der Begriff des Spektakels im Kontext des jeweiligen Untersuchungsfeldes noch einmal näher betrachtet werden. Für eine umfassende Auseinandersetzung mit dem Spektakelbegriff Debords vgl. z.B. Plant (1991); Jay, Martin (1993): "From the Empire of the Gaze to the Society of the Spectacle: Foucault and Debord." In: ders.: *Downcast Eyes. The Denigration of Vision in twentieth-century French Thought*. Berkeley, 381-435; oder Levin, Thomas Y. (1989): "Dismantling the Spectacle: The Cinema of Guy Debord" In: Sussman, 72-123.
40 Plant (1991), 1.
41 Der Begriff des Alltags wird von der SI inflationär benutzt und nicht genau definiert. Er bietet für die SI eine Möglichkeit "der völligen Entkolonialisierung des alltäglichen Lebens." Vgl. "Minimale Definition der revolutionären Organisation." (*SI Nr. 11*, 1967), 304.

Ware aufgespeicherten Ausdrucks der Kunst und zu gleicher Zeit das Ende jeder spezialisierten Politik bedeuten."[42]

Dieser zitierte Ausschnitt ist Teil eines Vortrages, den Debord 1961 auf Einladung des Soziologen Henri Lefèbvres in dem von der französischen Regierung geförderten Centre National de Recherche Scientifique (CNRS) im Rahmen einer so genannten 'Forschungsgruppe über das alltägliche Leben' hätte halten sollen. Statt persönlich zu erscheinen, schickte Debord ein Tonband, auf dem er den Vortag vorlas und das er vor der Forschungsgruppe abspielen lies.[43] Henri Lefèbvre und die SI standen zeitweilig in engem Kontakt und beide sahen das Alltagsleben als eine "organized passivity", in der eine "imposition of consumption"[44] herrsche. Dieser kontrollierten Passivität entgegen wollten Lefebvre und die SI das Alltagsleben wieder beleben und sahen in ihm die Möglichkeit einer Zelebration von Kreativität und Leidenschaft. "[T]ransforming the everyday requires certain conditions. A break with the everyday by means of festival - violent or peaceful - cannot endure. In order to change life, society, space, architecture, even the city must change."[45]

Obwohl Lefèbvre als auch die SI im Alltagsleben die Möglichkeit eines Widerstandes gegen das Spektakel und die Umsetzung einer besseren Lebensweise sahen, waren die Schritte, die Lefèbvre zur Umsetzung dieses Zieles unternahm, für Debord nicht radikal genug. Indem Debord lediglich ein Tonband abspielen ließ, kritisierte Debord den mangelnden Praxisbezug der Sozialwissenschaften und spielte auf deren 'Tatenlosigkeit' und ihr theoretisches 'Fachleutetum' an.[46]

Im Gegensatz zu den sozialwissenschaftlichen Ergebnissen Lefèbvres erweiterte die SI die Kritik an der bestehenden gesellschaftlichen Ordnung durch konkrete Vorstellungen einer revolutionären Aktion. Eine Formulierung der Vorstellung solch einer Intervention in die 'Gesellschaft des Spektakels' legte Guy Debord 1957 mit dem

---

[42] "Perspektiven einer bewußten Änderung des alltäglichen Lebens." (*S.I. Nr. 6*, 1961), 233f. Vgl. auch Kapitel 3.6.1. der vorliegenden Arbeit, S. 51f.

[43] "Perspektiven einer bewußten Änderung des alltäglichen Lebens." (*S.I. Nr. 6*, 1961), 234.

[44] Lefèbvre, Henri (1987): "The Everyday and Everydayness." In: *Yale French Studies* (73), 10.

[45] Lefèbvre (1987), 11.

[46] Vgl. z.B.: *SI Nr. 6* (1961), 213f.

"Rapport über die Konstruktion von Situationen und Organisations- und Aktionsbedingungen der internationalen situationistischen Tendenz"[47] zur Gründung der SI vor. Dieser Rapport kann als Programmatik der Bewegung gelesen werden, in der das Ziel, "eine kon-sequente ideologische Aktion ins Auge zu fassen, um [...] gegen den Einfluß der Propagandamethoden des hochentwickelten Kapitalismus zu kämpfen"[48], festgelegt wurde. Mit dem Spektakel als ihren erklärten Feind, suchte die SI mit der Konstruktion von Situationen nach Möglichkeiten der Intervention in das Spektakel, nach einer Veränderung des Lebens und einer Revolution des Alltags. Den Zusammenhang zwischen Spektakel und Situation beschreibt Laurent Chollet wie folgt sehr treffend: "Parmi les nombreux concepts que le mouvement situationniste a créés ou investis, le spectacle et la situation occupent des positions déterminantes. Le premier comme épicentre de sa théorie critique, le second comme instrument de son projet."[49]

2.2. Formation der SI als "Avantgarde der Avantgarde"[50]

Betrachtet man nun die Entwicklung und Formierung der SI, so erscheint diese zunächst als eine typische Avantgarde-Bewegung, deren Position sich in kritischer Auseinandersetzung mit und aus der Abgrenzung von ihren Vorgängern, dem Dadaismus und Surrealismus, ergibt.

> Der Dadaismus wollte die Kunst *wegschaffen, ohne sie zu verwirklichen*; und der Surrealismus wollte *die Kunst verwirklichen, ohne sie wegzuschaffen*. Die seitdem von den *Situationisten* erarbeitete kritische Position hat gezeigt, daß die Wegschaffung und die Verwirklichung der Kunst die unzertrennlichen Aspekte ein und derselben *Aufhebung der Kunst* sind.[51]

---

47   Debord (1995c), 28-44.
48   Debord (1995c), 43.
49   Chollet, Laurent (2000). *L'Insurrection Situationniste*. Paris, 59.
50   Gilcher-Holtey, Ingrid (2000): "Guy Debord und die Situationistische Internationale". In: Grimminger, Rolf (Hg.): *Kunst-Macht-Gewalt. Der ästhetische Ort der Gewalt*. München, 87.
51   Debord (1996), These 191, 164f; Hervorhebung des Autors.

Die einzelnen Gruppierungen, aus denen sich 1957 die SI zusammensetzte, verdeutlichen, dass sich die Entwicklung hin zu einem Schnittpunkt von Kunst und Politik erst im Verlauf der gemeinsamen Tätigkeit dieser Formierung von Künstlern ergab. Die Gründungskonferenz in dem italienischen Bergdorf Cosio d'Arroscia am 28. Juli 1957 bestand aus einer kleinen Gruppe von acht Künstlern, von denen jedoch nur fünf für eine Gründung stimmten.[52] Die Gründungsbefürworter waren die französischen Künst-ler Guy Debord und seine Frau Michèle Bernstein, die Maler Asger John (Skandinavien) und Guiseppe Pinot-Gallizio (Italien) sowie der englische Künstler Ralph Rumney. Auch im Hinblick auf die Struktur der Organisation weisen viele Merkmale der SI Parallelen zu vorhergehenden Avantgarde-Bewegungen auf. Stärker noch als die Dadaisten und Surrealisten während und nach dem ersten Weltkrieg, ist die SI ein Zusammenschluss von Künstlern unterschiedlicher Nationalitäten. Von Beginn an verstand sich die Bewegung explizit als internationale Bewegung, wie der gewählte Name 'Situationistische Internationale' bereits anklingen lässt.[53] Auch wenn das Zentrum unumstritten in Paris lag, so zeigen die in unregelmäßigen Abständen stattgefundenen abgehaltenen? Konferenzen, dass die SI auch in Belgien, Deutschland, Großbritannien, Holland, Italien und Skandinavien vertreten war. Zudem existierte zeitweilig eine Sektion in den USA. Weitere Merkmale für ihren Avantgarde - Charakter lassen sich in dem äußerst elitären Rahmen, der geringen Mitgliederzahl und der hohen Zahl von Ausschlüssen beobachten. Insgesamt hatte die SI während ihrer 15jährigen Existenz nicht mehr als 70 Mitglieder, wovon 45 nach einer meist kurzen Mitgliedschaft von ein bis zwei Jahren wieder ausgeschlossen wurden. 19 der Mitglieder traten zudem freiwillig aus.[54]

Der internationale Charakter der Gruppe ergab sich vor allen Dingen aus der Entstehungsgeschichte, die durch die Zusammensetzung einzelner Splittergruppen geprägt war. Im Kern setzte sich die Gründungskonferenz 1957 aus zwei Avantgarde - Gruppierungen zusammen: Einerseits dem *International Movement for an Imagininst Bauhaus* (IMIB) und anderseits der *Lettristischen Internationale* (LI).

---

[52] Ohrt (1990), 169.
[53] Hier sei jedoch anzumerken, dass der Name natürlich auch als Anspielung auf die Vereinigung sozialistischer Parteien gesehen werden muss und somit zudem eine politische Standortbestimmung ist.
[54] Gallisaires/ Mittelstädt/ Ohrt (1995), 303f.

Asger Jorn und der holländische Architekt Constant stammen aus der Gruppe COBRA[55], die Jorn und Constant mit Christian Dotrement aus einer Absplitterung des Surrealismus heraus gründeten und woraus später das IMIB entstehen sollte. Schon im französischen Surrealismus um André Breton führten künstlerische und politische Vorstellungen zu einem großen Konfliktfeld innerhalb der Gruppe, wie es die SI besonders nach der großen Zahl von Ausschlüssen 1962 in ähnlicher Weise erlebte:

> COBRA grew from a disenchantment with surrealism of artists whose political ideas were formed during the Resistance. After Breton returned to Paris he took a militantly anti-Communist line politically [...]. These [COBRA] artists [...] wanted to see surrealism move forward onto new experimental ground, rather than to revive pre-war trends.[56]

Nachdem sich COBRA 1951 nach nur dreijähriger Existenz auflöste, entstand zwischen Jorn und dem Schweizer Bauhaus-Architekten Max Bill eine Verbindung, aufgrund derer er 1954 das IMIB gründete.[57] Die Lettristische Bewegung formierte sich im Nachkriegs - Paris um den rumänischen Künstler Isodore Isou. Nach einer von Lettristen initiierten Attacke auf eine Pressekonferenz Charlie Chaplins in Paris mit dem Ziel einer "destruction of idols"[58] spalteten sich die Befürworter dieses Skandals unter der Führung Guy Debords ab und nannten sich fortan die *Lettristische Internationale*. Insgesamt wird hier deutlich, dass sich die SI jeweils aus den radikalen Abspaltungen älterer Avantgarde - Gruppierungen zusammensetzte und deren künstlerische Position und gesellschaftliche Kritik weiter verschärfte.

Wichtig ist in diesem Zusammenhang auch die entscheidende Vorarbeit, die die LI in Bezug auf die Gründung der SI einnahm. Der Großteil des ideologischen Gedankenguts der SI ist innerhalb dieser Splitterbewegung entstanden, auch wenn dies erst später zum tragen kam. So schrieb der Lettrist Ivan Chtcheglov unter dem Pseu-

---

55 Der Name COBRA ergibt sich aus den Anfangsbuchstaben der Städte Copenhagen, Brüssel und Amsterdam aus denen die Künstler der Bewegung kamen. Vgl. Home (1991), 11.
56 Wollen, Peter (1993): *Raiding the Icebox. Reflections on Twentieth-Century Culture*. London, 136f.
57 Home (1991), 24.
58 Home (1991), 17.

donym Gilles Ivain bereits 1953 das "Formular für einen neuen Urbanismus", welches erst 1958 in der ersten Ausgabe der Zeitschrift *internationale situationniste* publiziert wurde.[59] Dieses Formular bot die Grundlage für die von der SI weiterentwickelten künstlerischen Aktionsformen im öffentlichen Raum, wie die der Psychogeographie und der Praktik des Umherschweifens (*dérive*). Unmittelbar der Gründung der SI vorausgehend fand 1956 in Alba der von Asger Jorn und Pinot Gallizio organisierte "First World Congress of Liberated Artists" statt. Dort trafen die beiden Bewegungen (IMIB und LI) aufeinander und die von Constant antizipierte Theorie des unitären Urbanismus, wie er sie? (weil: die Theorie) später die Grundlage der SI und ihren Auseinandersetzungen mit dem öffentlichen Raum sein wird, bekommt durch die LI ihren Namen.[60] Von hier ist es nur noch ein kleiner Schritt zur Gründung der SI im folgenden Sommer und für Debords 'Rapport', der als wegbereitendes Dokument ein Amalgam der vorausgegangenen Bewegungen und Positionen darstellt und als repräsentativ für "the theses that he, Jorn, Constant, Gallizio and many other had been developing over the years"[61] gesehen werden kann.

2.3. Der Schnittpunkt von Kunst und Politik

2.3.1. Die Aufhebung der Kunst

Die Formierung der SI als Zusammenschluss internationaler Künstler zeigt, dass eine gesamtgesellschaftliche Kritik zwar von Beginn an angelegt war, die Richtung jedoch, von der sie die 'Revolution' verwirklichen wollten, von Seiten der Kunst ausging. Ausgangspunkt war die Befreiung des Künstlers, der ohne Einfluss auf die gesellschaftlichen Verhältnisse ist: "Es ist jetzt schon so weit, dass die Künstler [...] von der Gesellschaft vollkommen getrennt sind, wie sie auch untereinander durch Konkurrenz getrennt werden."[62] Die Kunst, so die SI, hat ihre Wirkung in und auf die Gesellschaft

---

59	"Formular für einen neuen Urbanismus" (*SI Nr. 1*, 1958), 20-25.
60	Home (1991), 27.
61	Home (1991), 28.
62	"Manifest" (*SI Nr. 4*, 1960), 154.

verloren, in einer "durch und durch zur Ware gewordenen Kultur"[63] besteht Kunst nur noch als Konsumprodukt.

Ein beträchtlicher Teil der situationistischen Kritik besteht darin aufzuzeigen, wie weit die meisten zeitgenössischen Künstler sich selbst dazu verurteilt haben, Kunst zu 'machen', wie man Geschäfte macht, indem sie die Reichhaltigkeit der Überwindungsmöglichkeiten aufgegeben haben, welche im Zeitraum zwischen den Jahren 1910 bis 1925 vorhanden waren, auch wenn sie nicht ausgenutzt worden sind.[64]

Damit stellt sich die Situationistische Internationale in direkte Tradition der Historischen Avantgarde, deren Aufbegehren gegen die bestehende Kunst und ihre gesellschaftliche Verortung das Ziel hatte, die Kunst in die alltägliche Lebenspraxis zu integrieren und so ihren Status der Autonomie und damit auch der Isolation vom gesellschaftlichen Leben aufzuheben.[65] Gleichzeitig stellt das obige Zitat auch den Schnittpunkt von künstlerischer und politischer Kritik der bestehenden Gesellschaft dar: Die Isolation der Kunst ist eng verbunden mit der Vorstellung "einer getrennten Macht, die für einen stets größer werdenden Markt arbeitet."[66] Die Produktionsverhältnisse der kapitalistischen Gesellschaft beherrschen jede Sphäre des gesellschaftlichen Lebens und damit auch die der Kunst. Peter Bürger stellt in seiner *Theorie der Avantgarde* den Zusammenhang zwischen "fortschreitender Arbeitsteilung" und der für die Avantgarde charakteristischen "Selbstkritik des gesellschaftlichen Teilsystems Kunst"[67] dar: "Die Herausdifferenzierung des gesellschaftlichen Teilsystems Kunst als eines besonderen liegt in der Entwicklungslogik der bürgerlichen Gesellschaft. Im Zuge fortschreitender Arbeitsteilung wird auch der Künstler zum Spezialisten."[68] Dem entgegen setzt Debord in *La Société du Spectacle* die Einheit einer revolutionären Organisation:

Die revolutionäre Organisation kann nur die einheitliche Kritik der Gesellschaft sein, d.h. eine Kritik, die an keinem

---

63 Debord (1996), These 193, 166.
64 "Der Fragebogen" (*SI Nr. 9*, 1964), 113.
65 Vgl. Bürger (1974), 29.
66 Debord (1996), These 25, 24.
67 Bürger (1974), 43.
68 Bürger (1974), 42.

Punkt der Welt mit irgendeiner Form von getrennter Macht paktiert, und eine Kritik, die sich global gegen alle Aspekte des entfremdeten gesellschaftlichen Lebens richtet.[69]

Zentrales Anliegen der SI im Hinblick auf den Status der Kunst war es nun, den Künstler aus seiner spezialisierten Tätigkeit zu befreien und künstlerische Praxis in die Praktiken des alltäglichen Lebens zu integrieren. "In einer klassenlosen Gesellschaft, kann man sagen, wird es keinen Maler mehr geben, sondern Situationisten, die unter anderem auch malen."[70] Dieses Zitat Debords verdeutlicht bereits, dass die Befreiung der Kunst konsequenterweise gleichzeitig deren Auflösung beinhaltet:

> [D]ie S.I. [ist] die einzige Bewegung, die eine Antwort auf das Vorhaben des authentischen Künstlers geben kann, indem sie das Überleben der Kunst in die Kunst des Lebens einverleibt. Nur dadurch sind wir Künstler, dass wir keine Künstler mehr sind: wir sind gekommen, um die Kunst zu verwirklichen.[71]

Diese Perspektive entwickelte sich ab 1962 hin zu einer völligen Negation der Kunst als einer kulturellen Praktik mit einem totalitären Anspruch einer gesamtgesellschaftlichen Revolution. Diese Phase wurde in den Jahren 1961/62 insofern deutlich, da viele Künstler die Gruppierung um Debord in Paris verließen. Asger Jorn trat im April 1961 freiwillig aus, Jorns Bruder Joergen Nash sowie die deutsche Künstlergruppe Spur wurden im März 1962 ausgeschlossen. Jaqueline de Jong verlässt aus Solidarität gegenüber der Gruppe Spur 1962 ebenfalls die SI.[72] Diese Spaltung erfolgte aufgrund der divergierenden Einstellungen in der Frage, welche Rolle die Kunst im Kampf gegen das Spektakel und die herrschende Gesellschaft zu spielen habe: "Besides an unknown quantity of personal disputes, the central argument was over the compatibility of artistic creation

---

[69] Debord (1996), These 121, 106.
[70] Debord (1995c), 42f.
[71] "Der Fragebogen" (*SI Nr. 9*, 1964), 113.
[72] Vgl. hierzu: Schrage, Dieter (1998a): "Interview: Jaqueline de Jong - Eine Frau in der Situationistischen Internationale." In: ders. (Hg.): *Situationistische Internationale 1957-1972*. Ausstel-lungskatalog Museum moderner Kunst Stiftung Ludwig, Wien, 69; und Schrage, Dieter (1998b): "L'Art versus Dépassement de L'Art. Ein anhaltender Konflikt - Am Beispiel von Spur." In: ders. (Hg.), 59f.

with the situationist demand for a unified and uncompromising struggle."⁷³

Während Guy Debord und die SI die Produktion von Kunst, die ausgestellt und verkauft wurde, als eine Kollaboration mit der spektaklistischen Warenökonomie verurteilte, vertraten Nash, Jorn und die deutsche Gruppe Spur den Standpunkt, "that demands for the realisation and suppression of art in everyday life could not preclude the continuation of struggles with and against artistic practice."⁷⁴ Im Zuge dessen gründeten Nash und andere Ausgestoßene der SI in Schweden das 'Bauhaus Situationniste', welches auch als 2. Situationistische Internationale bezeichnet wird. Nashs Farm wurde dabei ein Zentrum künstlerischer Experimente; hier entstand auch die Zeitschrift *Drakabygget*.⁷⁵ Jaqueline de Jong wurde in Holland Herausgeberin der *Situationist Times* und in Deutschland bildete sich um das Ex - Mitglied der Gruppe Spur, Dieter Kunzelmann, die Gruppe "Subversive Aktion", die ihrerseits an den deutschen Unruhen der Studentenbewegung in München und Berlin nicht unbeteiligt war.⁷⁶ Asger Jorn, so schreibt Schrage, unterstützte alle Positionen, inklusive der Debords, um "wenigstens unter der Hand die gegeneinander gerichteten Angriffe zu einem gemeinsamen Spiel zu arrangieren, bis sich eine besserer Organisationsform ergeben oder die Praxis neue Möglichkeiten eröffnet hätte."⁷⁷ Dies war jedoch nicht der Fall. Es blieb eine sehr kleine Gruppe um Guy Debord in Paris übrig, die sich von der Kunst vollends abwen-dete und eine revolutionäre Umsetzung ihrer politischen Interessen anstrebte. "It was after this split that the situationist developed a coherent critique of the society of the spectacle and adopted a more recognisable political stance."⁷⁸

Die Abschaffung der Kunst als spezialisierte Tätigkeit, welche als autonomer, isolierter Teil der Gesellschaft keinen Einfluss auf diese hatte, in gewissem Maße also passiv, d.h. wirkungs- oder folgenlos ist, beinhaltet gleichzeitig auch die Abschaffung des Betrachtens,

---

73 Plant (1992), 84.
74 Plant (1992), 84.
75 Vgl. Schrage, Dieter (1998c): "'Drachenblut': Die 2. Situationistische Internationale." In: ders. (Hg.), 72f.
76 Vgl. Ohrt (1990), 263.
77 Schrage (1998c): 73.
78 Plant (1992), 84.

d.h. des passiven Konsumenten von Kunst. Die angestrebte 'Einverleibung' der Kunst in das Leben in einer konstruierten Situation besteht somit nicht nur in der Aufhebung der Isolation des Künstlers, sondern auch in der des Betrachters.

> Es ist leicht zu sehen, wie sehr gerade das Prinzip des Spektakels - die Nichteinmischung - mit der Entfremdung der alten Welt verknüpft ist. Umgekehrt sieht man, wie die gültigsten revolutionären Forschungen auf dem Gebiet der Kultur versucht haben, die psychologische Identifizierung des Zuschauers mit dem Helden zu brechen, um ihn aktiv werden zu lassen durch die Provokation seiner Fähigkeiten, das eigenen Leben umzugestalten.[79]

Kapitel 4 wird die Positionen von Zuschauer und Akteur in einer konstruierten Situation im Hinblick auf herkömmliche Theaterkonzeptionen noch eingehend betrachten.

2.3.2. Gesamtgesellschaftliche Kritik und ihre Praxis

Während sich die SI aus dem Zusammenschluss unterschiedlicher Künstler formierte, sind die Kritik des Spektakels als auch die Vorstellung einer Intervention in dieses keineswegs auf den gesellschaftlichen Bereich der Kunst beschränkt. Der Begriff des Spektakels impliziert eine gesamtgesellschaftliche Kritik, wie auch die Konstruktion von Situationen als konkretes Handeln in Form einer Aktion als eine Veränderung der Gesellschaft als Ganzes betrachtet wird. Innerhalb dieses gesamtgesellschaftlichen Anspruches nehmen die Bereiche Kunst und Politik zwei zentrale Positionen ein. Nach Auffassung der SI sollten diese beiden gesellschaftlich voneinander unabhängigen Bereiche zugunsten eines neuen, beide Bereiche beinhaltenden Aktionsfeldes aufgelöst werden. Dieses Aktionsfeld sollte der Alltag, das alltägliche Leben darstellen.

> The situationist movement manifests itself simultaneously as an artistic avantgarde, as an experimental investigation of the free construction of daily life, and finally as a contribution to the theoretical and practical articulation of a new revolutionary contestation. From now on, all fundamental cultural creation as well as any qualitative transformation of

---

[79] Debord (1995c), 41.

society is indissolubly linked to the further development of this unitary approach.⁸⁰

Wenn sich Kunst und Politik in einer "free construction of daily life" vereinigen sollten, dann musste sowohl die Kunst aus ihrem gesellschaftlich isolierten Kunstraum, den Museen als auch die Politik aus ihrem Operationsbereich, den Parteien, befreit werden. Damit verlagerte sich das klar eingegrenzte Aktionsfeld von politischer und künstlerischer Aktivität hin zu einer alltäglichen Lebenspraxis und dem öffentlichen Raum. "Die Kritik der Gesamtheit der aktuellen Gesellschaft ist der einzige Prüfstein einer echten Befreiung auf dem Gebiet der Städte [...]."⁸¹ Die SI lehnte

> jede Reproduzierung der hierarchischen Verhältnisse der herrschenden Welt von ihrem Inneren ab. Die einzige Grenze der Beteiligung an ihrer totalen Demokratie ist die Anerkennung und Selbstaneignung der Kohärenz ihrer Kritik durch alle Mitglieder: diese Kohärenz muss einerseits in der eigentlichen kritischen Theorie und andererseits im Zusammenhang zwischen dieser Theorie und der Praxis liegen. Sie kritisiert radikal jede *Ideologie* als eine von den *Ideen getrennte Macht* und *als Ideen der getrennten Macht*.⁸²

Die Kritik der Autonomie der Kunst verknüpfte sich mit der Kritik an der unerreichbaren Macht der politischen Organisationen zu einem generellen Aufbegehren gegen die Trennung und Passivität des Einzelnen in der Gesellschaft, welches im Begriff des Spektakels seine Formulierung fand. Dieser Passivität entgegen setzte die SI die Vor-stellung einer gesellschaftlichen Partizipation jedes Einzelnen in seiner alltäglichen Lebenspraxis, innerhalb der er Einfluss auf gesellschaftliche Strukturen und Prozesse nehmen könnte. Der Raum, in dem diese Praxis umgesetzt werden sollte, konnte also kein gesellschaftlich isolierter, getrennter Raum sein, sondern nur der Raum der Gesellschaft selbst, die Stadt. So schrieb die SI 1963 in der achten Ausgabe ihrer Zeitschrift:

---

[80] Debord, Guy (2002): "The Situationists and the New Forms of Action in Politics or Art." **[orig.: 1963]** In: McDonough, Tom (Hg.): *Guy Debord and the Situationist International: Texts and Documents*. Cambridge, Massachusetts, 159.

[81] "Kritik des Urbanismus." (*SI Nr. 6*, 1961), 213.

[82] "Minimale Definition der revolutionären Organisation." (*SI Nr. 11*, 1967), 305; Hervorhebung im Original.

Damals wurde vom 'Dschungel der Großstädte' gesprochen. Heute ist es sehr schwer, die Überbleibsel eines Dschungels in der organisierten Normung und der vielfarbigen Langeweile herauszufinden. [...] Wir können uns nicht auf bruchstückartige Aktionen beschränken. Eines Tages haben wir die passenden Begegnungen und wir finden Abenteuer in einer neuen, aus neuartigen Dschungeln, Steppen und Labyrinthen bestehenden Stadt."[83]

2.3.3. Politische Organisation und (künstlerische) Avantgarde: Socialisme ou Barbarie und die SI

Wenn die SI trotz ihrer geschichtlichen Entwicklung aus einer künstlerischen Avantgarde heraus den Anspruch proklamierte, die Kunst und die Politik in einer beide isolierten gesellschaftlichen Bereiche auflösenden Revolution zu vereinigen, so stellt sich die Frage, warum die SI kein Interesse daran hatte, sich mit politischen Gruppen, die eine durchaus ähnliche politische Haltung hatten, zusammenzuschließen oder zumindest auszutauschen.

Debords doktrinäre Haltung verhinderte jede mögliche Zusammenarbeit mit anderen Gruppen, welche zu einer gesellschaftlichen Praktik der Intervention in den durch das Spektakel bestimmten Alltag hätte führen können. Schon im Rapport ist diese doktrinäre Haltung Debords zu beobachten. So forderte er bereits dort die "völlige Übereinstimmung zwischen den Personen und Gruppen, die an dieser gemeinsamen Aktion teilnehmen" und warnte vor der Gefahr, dass "jedes wirklich experimentelle Ver-halten benutzbar [sei], durch eine mißbräuchliche Anwendung dieses Wortes eine künstlerische Aktion innerhalb einer aktuellen, d.h. schon vorher von anderen erfundenen Struktur zu rechtfertigen." Deshalb, so Debord, "müssen wir die Sektiererei unter uns liquidieren, die der Aktionseinheit mit möglichen Verbündeten zu bestimmten Zielen entgegensteht und die Unterwanderung paralleler Organisationen verhindert."[84]

Der einzige Austausch, der zwischen der SI und einer politischen Gruppierung stattfand, war Debords zeitweilige Partizipation der Gruppe Socialisme ou Barbarie (SB) einer "tiny group of Marxists,

---

[83] "Wiederholung und Neuigkeit in der konstruierten Situation." (*SI Nr. 8*, 1963), 71.

[84] Debord (1995c), 38.

[...] who had struggled since 1949 to separate Marxism from its identification from the Soviet Union."[85] Paradoxerweise war es gerade Debord - der Verfechter von 'Reinheit' und Isolation der SI gegenüber anderen Gruppierungen - der Kontakt zu SB aufnahm. Damit war er das einzige Mitglied der SI, welches nicht wegen einer doppelten Mitgliedschaft ausgeschlossen wurde. In diesem Zusammenhang schreibt Jean Barrot in einer der wenigen kritischen Auseinandersetzungen mit der SI 1979:

> Debord met the *S ou B* through Canjuers and joined it for several months. His membership was not mentioned in the SI journal. [...] However that may be, Debord participated in the activities of *S ou B*, throughout the time he was a member, notably taking part in the team that was sent to Belgium during the great strike of 1960.[86]

Innerhalb der marxistischen Strömungen im Nachkriegsfrankreich war SB sicherlich diejenige, die als politische Gruppierung den Zielsetzungen der SI am nächsten stand.[87] Angefangen bei der Ablehnung stalinistischer Bürokratie entwickelte die Gruppe eine Kritik, die entgegen der Vorstellung, die Arbeiter seien "objectified and seen as passive social elements", diese als "creative participants in the building of socialism"[88] sah. Auch die SI betrachtete das 'Proletariat' als einen möglichen Träger ihrer 'Revolution': Während Künstler und Intellektuelle als Konsumenten des Spektakels ein "Publikum von *Getrennten*"[89] darstellen, dessen revolutionäre Aufgabe die

---

85   Poster, Mark (1975): *Existential Marxism in Postwar France: From Sartre to Althusser*. Princeton, New Jersey, 202. Im folgenden Satz führt Poster weiter aus: "*Socialisme ou Barbarie* developed along the lines that I will define as existential Marxism."

86   Barrot, Jean (1996): "Critique of the Situationist International." [**orig.**: 1979] In: Home, Stewart (Hg): *What is Situationism? A Reader*. Edinburgh, 31.

87   Stephen Hastings-Kings Studie gibt einen detaillierten Überblick über die komplizierte Beziehung von SI und SB. Vgl. Hastings-King, Stephen (1999): L'*Internationale Situationniste, Socialisme ou Barbarie*, and the Crisis of the Marxist Imaginary." In: *Substance* (18, 3), 26-54. Dieser Aufsatz ist in der deutschen Übersetzung ebenfalls veröffentlicht in Ohrt, Roberto (2000): *Das grosse Spiel. Die Situationisten zwischen Politik und Kunst*. Hamburg, 61-111.

88   Poster (1975), 203.

89   "Über die Anwendung der freien Zeit." (*SI Nr. 4*, 1960), 119; Hervorhebung im Original.

"avantgardistische Negation des Spektakels"[90] ist, schrieb die SI dem 'Proletariat' in Folge der Negation des Spektakels die Aufgabe und Fähigkeit zu, die Veränderung der Gesellschaft umzusetzen: "Denn das sich revolutionär betätigende Proletariat kann sich unmöglich als neues Publikum konstituieren - es würde hingegen auf allen Gebieten tätig werden."[91] Gleichzeitig fand sich bei SB ebenfalls eine Hervorhebung der Bedeutung des Alltags, wie ihn auch die SI thematisierte. "No longer limited to the work-place, socialism, [SB] argued, must transform and democratize all areas of social life, in short the totality of everyday life."[92]

Diese Vorstellung des Proletariats als "creative participants" lässt sich sehr klar in Bezug zu dem Situationskonzept der SI setzten: "Es ist leicht zu sehen, wie sehr gerade das Prinzip des Spektakels - die Nichteinmischung- mit der Entfremdung der alten Welt verknüpft ist.[...] So ist die Situation dazu bestimmt, von ihren Konstrukteuren erlebt zu werden."[93] Allerdings ist die Vorstellung der Organisation der aktiven, kreativen Teilnahme des Proletariats in beiden Gruppierungen unterschiedlich. Während SB an den traditionellen Konzepten von Gewerkschaften und Parteien als revolutionäre Organisationsformen festhielt[94], also eine kollektive Bewegung anstrebte, ging Debords Konzept der Konstruktion von Situationen von den Begierden und Leidenschaften des Individuums aus, die unter den Bedingungen des Spektakels produziert werden und dann erst in einer kollektiven Situation verändert werden müssen.[95] Damit stellt sich jedoch die Frage, inwiefern sich eine Revolution, die sich in den Bereich der Subjektivität begibt, eine breite gesellschaftliche Masse anzusprechen und die Gesellschaft als Ganzes zu verändern vermag.[96]

90	"Über die Anwendung der freien Zeit." (*SI Nr. 4*, 1960), 118.
91	"Über die Anwendung der freien Zeit." (*SI Nr. 4*, 1960); 119. Leider geht der Beitrag nicht näher darauf ein, warum das 'Proletariat' tätig werden würde.
92	Poster (1975), 204.
93	Debord (1995c), 41.
94	Poster (1975), 203.
95	Vgl hierzu Debord (1995c), 38f.
96	Dieser wichtige Kritikpunkt kann an dieser Stelle nicht weiter ausgeführt werden, wird jedoch in Kapitel 4 noch einmal ausführlicher thematisiert.

> Situationist politics were and remained, predicated on subjective experience elevated to a trans-subjective level through variations on the traditional notions of the Artist. [...] Subjectivism was consistent with Debord's use of everyday experience as a point of departure for thinking about alienation. This approach both opened up and limited his access to the terrain of revolutionary politics.[97]

Beide Organisationen publizierten in regelmäßigen Abständen eine Zeitschrift. Auch hier lassen sich auf den ersten Blick enorme Differenzen ausmachen. Die Zeitschrift der SI, *internationale situationniste*, primäres Sprachrohr der Bewegung, gestaltete sich in seinem Format für die damalige Zeit als höchst ungewöhnlich und war "verschwenderisch teuer gestaltet. Mit gesetzter Typographie, vielen Illustrationen, dem Umfang einer Broschüre und Chromolux-Metallic-Cover übertraf die *internationale situationniste* die meisten gängigen Publikationen der Kunstwelt ihrer Zeit."[98] Im Gegensatz dazu wirkte die Zeitschrift *Socialisme ou Barbarie* mit abwechselnd rotem, weißem und schwarzem Cover, keinen Bildern, einfacher Schrift und auf einfachem Papier gedruckt sehr unauffällig. Stephen Hastings-King zieht in seinem Artikel "*L'Internationale Situationniste, Socialisme ou Barbarie*, and the Crisis of the Marxist Imaginary" einen interessanten Vergleich:

> The journal [*internationale situationniste*] presented itself as a kind of politicized Pop Art artifact. *Socialisme ou Barbarie* opted for a very traditional printed self-representation. [...] Two different notions of how to present the avant-garde; one as proletarian, "authentic", tied to worker traditions; the other self-consciously breaking with these same audiences and traditions.[99]

Dabei sei in diesem Kontext noch auf einen Widerspruch der SB in Bezug auf ihre Leserschaft hingewiesen. Während sich die Inhalte der Zeitschrift mit der Zukunft der Arbeiter auseinander setzten, waren ihre Leser "a reflection of the group itself: educated, urban,

---

97 Hastings-King (1999), 33.
98 Ohrt, Roberto (2000a): "Einleitung: Die Kunst war abgeschafft". In: ders. (Hg.): *Das grosse Spiel. Die Situationisten zwischen Politik und Kunst.* Hamburg, 23.
99 Hastings-King (1999), 32f.

and Marxist, whose relation to the working class was a combination of fascination [...] and distance."[100]

Hier manifestiert sich jedoch auch in Bezug auf die politische Standortbestimmung der SI ein Widerspruch. Während sich die SI in Hinblick auf die Gestaltung ihrer Zeitschrift als höchst experimentierfreudig und 'anti-traditionalistisch' zeigte, war ihr politischer Standpunkt gegenüber der Position der SB ein konservativ-marxistischer. Dies bedarf näherer Ausführung: Debord trat der SB im Herbst 1960 für ungefähr ein halbes Jahr bei. Dabei versuchte er vor allem, die 'revolutionäre Kritik der Kunst' der weitestgehend künstlerisch nicht versierten Gruppe näher zu bringen.[101] Andererseits lässt sich jedoch auch die Einflussnahme der SB auf die politisch- revolutionären Vorstellungen der SI beobachten. Dies geschah vor allen Dingen durch die persönliche Verbindung von Guy Debord und Daniel Blanchard (alias Pierre Canjuers).[102] Während zum Zeitpunkt des Rapports die Vorstellung einer tatsächlichen Konstruktion von Situationen sehr vage war, konkretisierte sich durch den Einfluss der SB die Idee der Situation hin zu einer "transition from a vision of revolutionary art to its actualization, [which] would result from its 'fulfillment' by the revolutionary working class."[103] In dieser Auffassung folgte Debord den Gedanken des ungarischen Philosophen und Begründer des westlichen Marxismus George Lukács, dessen Aufsatzsammlung *Geschichte und Klassenbewußtsein* (1923) zum Zeitpunkt von Debords Kontakt mit SB gerade ins Französische übersetzt wurde.[104] Zu ungefähr dem gleichen Zeitpunkt entwickelte sich jedoch innerhalb der SB ein enormes Spannungsfeld über die Frage nach der Arbeiterklasse, die von Cornelius Castoriadis angeführt wurde. Castoriadis rüttelte an den politischen Grundfesten der Gruppe, indem er in seinem Aufsatz "Modern Capitalism and Revolution" die Position des Marxismus zur Verwirklichung der Revolution in Frage stellte. Die Arbeiterklasse

---

[100] Hastings-King (1999), 30.
[101] Vgl. Hastings-King (1999), 36. Hastings-King schreibt in diesem Kontext beispielsweise über die Auffassung der Gruppe, ein Film habe das Leben widerzuspiegeln.
[102] Vgl. Hastings-King, (1999), 45. Auf das Pseudonym weist Roberto Ohrt hin. Vgl. Ohrt (2000b), 184.
[103] Hastings-King, (1999), 46.
[104] Vgl. Fußnote 23, In: Poster (1975), 44 und Hastings-King (1999), 46.

had been destructured as a class for itself, and if one plotted this development onto the extended critique of Marxism [...] that had pursued the SB since 1946, then there really was not much reason to continue to hold onto Marxism as a frame of reference for thinking about revolution.[105]

Castoriadis stellte die beiden Positionen diametral gegenüber: "one can either 'be Marxist or be revolutionary'."[106] Damit entfachte er eine Debatte, die die Gruppe entzweite. Der Widerspruch, der sich nun hier in Bezug auf die SI und vor allem in Bezug auf die Gegenüberstellung der beiden Zeitschriften ergibt, ist der, dass Debord die Position des traditionellen Marxismus und nicht die der neueren - meiner Ansicht nach den Gedanken der SI viel näher stehenden - Formen der Revolution einnahm, wie sie in SB diskutiert wurden. "Lukács becomes, for Debord, a fundamental text in his rejection of SB's claim that there was a crisis of the Marxist Imaginary, in favor of conceptual closure. Debord used Lukács to combine his theories about revolutionary art with rigid Marxism."[107]

2.3.4. Resümee des Schnittpunkts Kunst-Politik

Zusammenfassend lässt sich festhalten, dass die SI als eine Formation von Künstlern unterschiedlicher Bereiche und Nationalitäten in 'kritischer Tradition' der Historischen Avantgarde steht. Aus diesem künstlerischen Hintergrund heraus formuliert die SI eine umfassende Kritik der gesellschaftlichen Verhältnisse en gros, die in ihrer Zeitschrift *internationale situationniste* artikuliert und 1967 von Guy Debord mit *La Société du Spectacle* in Form einer theoretischen Abhandlung weiter ausformuliert wird. Mit dem Spektakel als ihrem erklärten Feind erhob die SI den totalitären Anspruch einer gesamtgesellschaftlichen Revolution, die durch konkrete und organisierte Formen der kulturellen Intervention, der Konstruktion von Situationen, initiiert werden sollte. Im Zuge dieses Anspruchs von Gesellschaftsveränderung wurden eine Politisierung der Kunst sowie die

---

[105] Hastings-King (1999), 47.
[106] Hastings-King (1999), 48.
[107] Hastings-King, (1999), 46f. Dies erscheint bei näherer Betrachtung sonderbar, da sich die SI in - wenn auch kritischer -Tradition der Historischen Avantgarde definierte, welche Lukács jedoch aufs schärfste kritisierte, da sie seiner Meinung nach "den fetischisierenden Tendenzen der Moderne" gehorchten. Vgl. Nünning, Ansgar (1998): *Lexikon der Literatur- und Kulturtheorie*. Stuttgart, 333.

Aufhebung dieser als eines isolierten, wirkungslosen gesellschaftlichen Bereichs notwendig. Die 'Politik' der SI drückte sich jedoch weniger in einer einheitlichen politischen Stellungnahme, sondern vielmehr in einer generellen Verweigerungs- und Protesthaltung gegenüber den bestehenden gesellschaftlichen Formationen aus.

Holger Kube Ventura verwendet in seiner Studie *Politische Kunst Begriffe* den Ausdruck "Kunst mit *politics*", mit dem meiner Ansicht nach die Position der SI am Schnittpunkt von Kunst und Politik beschrieben werden kann.

> Im Gegensatz zu den politischen Indienstnahmen von Kunst scheinen die politisch-künstlerischen Strategien schwerer isolierbar zu sein. Denn was sich unter 'Kunst mit *politics*' fassen ließe, ist in vielen Fällen eine unscharfe Mischung aus künstlerischen und politischen Intentionen, und muss es auch sein, um sich nicht auf nur Kunst oder nur *politics* reduzieren zu lassen und somit kanalisierbar zu werden.[108]

Kube Ventura beschreibt mit dieser kunstwissenschaftlichen Systematisierung unter anderem auch Projekte, die aus einem "Austesten des osmotischen Potentials zwischen Kunstsystem und anderen Systemen" bestehen und die meines Erachtens mit der Konstruktion von Situationen vergleichbar wären, da Kube Ventura sie als eine Form der Intervention und als "Bezugsrahmen für 'Realität', 'Alltag' oder 'Leben'" beschreibt. Dabei unterscheidet er zwischen temporären und strukturverändernden Eingriffen. [109]

Das folgende Kapitel untersucht nun die spezifischen Praktiken der SI außerhalb des institutionellen, autonomen Rahmens der Kunst, welche die 'Gesellschaft des Spektakels' zerstören und mit Hilfe derer eine revolutionäre Aktion in Form der konstruierten Situation und eine "Umwälzung des alltäglichen Lebens"[110] angestrebt werden sollten. Außerhalb des Kunstraums stellt sich damit die Stadt, der urbane öffentliche Raum als neues, geeigneteres Aktionsfeld dar. Im Hinblick auf die Praktiken, die sich im öffentlichen Raum, der Stadt, vollzogen und auch im Hinblick auf das in Kapitel 4 noch einmal detailliert analysierte Konzept der Konstruktion von Situationen, kann an diesem Punkt festgehalten werden, dass es sich bei diesen Praktiken primär um temporäre Eingriffe in den urbanen sowie ge-

---

[108] Kube Ventura, (2002), 18; Hervorhebung des Autors.
[109] Kube Ventura (2002), 19.
[110] Debord (1995c), 37.

sellschaftlichen Raum handelt, die aber das Ziel einer strukturellen, dauerfristigen Veränderung der Gesellschaft haben.

3. Öffentlicher Raum

3.1. Was ist öffentlicher Raum?

Der öffentliche Raum ist ein schwer definierbares Feld, da es *den* öffentlichen Raum als klar definierten Ort mit festgelegten Grenzen nicht gibt. Allgemein wird zwischen dem privaten und dem öffentlichen Raum unterschieden. Öffentlicher Raum wird von verschiedenen sozialen Gruppen auf unterschiedliche Weise benutzt. Er besitzt also verschiedene Funktionen. Damit ist der öffentliche, besonders der städtische Raum, der im Folgenden genauer untersucht werden soll, mit unterschiedlichen Bedeutungen versehen, die in diesem dargestellt, bestätigt, ausgetragen oder auch negiert werden. Öffentlicher Raum ist polyvalent und multifunktional und setzt sich aus verschiedenen, sich überlagernden örtlichen wie zeitlichen Teilräumen zusammen.[111]

Als erste Differenzierung erscheint es sinnvoll, zwischen den verschiedenen Strukturen, die den öffentlichen Raum konstituieren, und den Funktionen, welche der öffentliche Raum besitzt, zu unterscheiden.[112] Struktur lässt sich zum einen in Bezug auf die geographische Struktur des öffentlichen urbanen Raums bestimmen. Damit ist die Anordnung der Straßen und Gebäude, sozusagen die äußerliche Erscheinung, das Antlitz der Stadt, gemeint. Zum anderen ist Struktur des öffentlichen Raums auch als eine soziologische Kategorie zu verstehen, die sich auf die gesellschaftliche Anordnung, wie beispielsweise Bevölkerungsdichte oder Arbeitsverteilung, innerhalb des urbanen Raums bezieht. Die Funktion des Raums beinhaltet dementsprechend die Prozesse, die innerhalb dieser Strukturen stattfinden. Dabei unterscheidet der französische Soziologe Henri Lefèbvre beispielsweise politische, administrative wie auch ökonomische Funktionen, die der öffentliche Raum innerhalb einer Gesellschaft zu erfüllen hat.[113] Damit stellen die unterschiedlichen Funktionen des öffentlichen, urbanen Raums ein Re-lationsgefüge dar, in welchem Objekte, wie auch Menschen in Beziehung zueinander ste-

---

[111] Vgl. Lefèbvre, Henri (1990): *Die Revolution der Städte.* [**orig.: 1970**] Frankfurt am Main, 139.

[112] Lefèbvre (1990), 125.

[113] Lefèbvre (1990), 125.

hen. Der öffentliche Raum besitzt ein Ordnungsmoment, das unterschiedliche Elemente in Relation setzt. "Sie [die Stadt] schafft eine, die urbane Situation, in der unterschiedliche Dinge zueinanderfinden und nicht länger getrennt existieren [...]."[114] Gleichzeitig ist öffentlicher Raum jedoch auch der Verhandlungsort dieser Relationen, ein Ort, innerhalb dessen sich die Relationen, seien sie zwischenmenschlich, ökonomisch oder politisch, in Form eines dynamischen Prozesses immer wieder neu konstituieren.

Im Folgenden möchte ich die Studie *Raumsoziologie*[115] der deutschen Soziologin Martina Löw heranziehen, um anhand ihrer Unterscheidung zwischen einem absolutistischen und einem relativistischen Raumkonzept das Verständnis und die Nutzung des öffentlichen Raums durch die SI detaillierter untersuchen zu können. Diese Einteilung in zwei unterschiedliche Konzepte von Raum stellt jedoch lediglich ein Differenzierungsmodell dar, mit Hilfe dessen sich die Vorstellung der SI von öffentlichem Raum und ihr Umgang mit diesem strukturieren lassen. Die Zuhilfenahme dieser Raumkonzepte erscheint mir insofern sinnvoll, da sie im Umgang mit den keineswegs homogenen, stringenten oder aufeinander aufbauenden Praktiken und Theorien der SI eine Strukturierungsmöglichkeit darstellen.

3.2. Absolutistisches und relativistisches Raumverständnis

In ihrer 2001 publizierten Studie *Raumsoziologie* erörtert Löw die Problematik des Begriffes Raum und der mangelhaften Auseinandersetzung mit den unterschiedlichen Bedeutungsmöglichkeiten, die dieser Begriff aufwirft. Löw kritisiert die undifferenzierte Verwendung des Begriffes vor allen Dingen in der Soziologie, welche ihrer Meinung nach keine detaillierte Definition dieser Kategorie vornimmt. Gegenstand ihrer Studie ist deshalb die Frage, "wie Raum als Grundbegriff der Soziologie näher präzisiert werden kann."[116] Dabei untersucht sie unterschiedliche Konzeptionalisierungen von Raum und prüft diese im Hinblick auf ihre Anwen-

---

114 Lefèbvre (1990), 127.
115 Löw, Martina (2001): *Raumsoziologie*. Frankfurt/Main.
116 Löw (2001), 12.

dungsmöglichkeiten auf "soziale Wirklichkeit"[117], also gesellschaftliche Formationen und Prozesse. Zentral ist hierbei die Frage, wie auf der einen Seite Räume als vorgegebene Orte, an denen sich soziale Wirklichkeiten vollziehen, konzeptionalisiert werden und wie auf der anderen Seite diese Räume selbst entstehen und produziert werden. Löw geht es damit um die Herausarbeitung einer Soziologie des Raums, die sowohl den "Prozeß der Konstitution" von Räumen als auch "das Ergebnis dieses Prozesses" umfasst.[118]

Ausgangspunkt von Löws Raumsoziologie ist eine (vorläufige) Unterteilung der Untersuchung von Raum in zwei unterschiedliche Raumkonzepte, das absolutistische und das relativistische Raumkonzept. Diese beiden Konzepte unterscheidet Löw aufgrund der unterschiedlichen Zuordnung von Körper und Raum:

> Die absolutistische Unterscheidung zwischen Raum und Körpern (Handeln) schließt die Annahme ein, daß Raum unabhängig vom Handeln existiert. [...] In der relativistischen Raumtheorie dagegen wird Raum aus der Anordnung der Körper abgeleitet. Da sich diese Körper (Handlungen) immer in Bewegung befinden, sind auch die Räume in einen permanenten Veränderungsprozeß eingebunden. Räume existieren danach nicht unabhängig von Körpern.[119]

Während also das absolutistische Raumkonzept von der Annahme ausgeht, es existiere zuerst ein Raum, in dem sich Handlung vollzieht, der Raum also an sich unbeweglich ("ein Behälterraum"[120]) ist, besteht im relativistischen Konzept eine Abhängigkeit zwischen der

---

[117] Löw (2001), 14.

[118] Löw (2001), 13.

[119] Löw (2001), 18. Problematisch finde ich hier jedoch die Begriffe "Körper" und "Handeln". Löw definiert Raum in Bezug auf Körper, wobei sie hier die Begriffe "Körper" und "Handlung" synonym setzt. Dieser synonyme Gebrauch von Körper und Handeln wird jedoch nicht erläutert. Da sie sich mit der Definition der Kategorie Raum sehr intensiv auseinandersetzt, wäre meines Erachtens hier ebenfalls eine präzisere Bestimmung der Kategorie Körper, bzw. Handlung erforderlich. Es scheint, als definiere Löw Körper nur im Plural in Form von mehreren in Beziehung zueinander stehenden und Handlung erzeu-genden Körpern.

[120] Der Begriff "Behälterraum", wie ihn Löw benutzt, ist die Übersetzung des von Einstein benutzten Begriffs des "containers". Vgl. Löw, (2001), 24.

Konstitution des Raums und der Aktivität der Körper (also des Handelns).[121]

Löws vorgeschlagene Unterscheidung des absolutistischen und des relativistischen Raumkonzeptes führt in Bezug auf die SI zu einer Differenzierungsmöglichkeit ihrer Praktiken im öffentlichen Raum. Vorab soll deshalb hier die Arbeitsthese aufgestellt werden, dass die kulturelle Praktik der Zweckentfremdung (*détournement*), das situationistische Konzept der Psychogeographie und die dazugehörige Praktik des Umherschweifens (*dérive*) von einem absolutistischen Raumverständnis ausgehen, während der unitäre Urbanismus die Gestaltung des Raums kritisiert und nach Möglichkeiten sucht, diesen Raum zu verändern, wie es mit dem Konzept der Konstruktion von Situationen geschieht. Das Verständnis der SI von Raum basiert damit, auch im Hinblick auf die Konstruktion von Situationen, auf einer Vorstellung, die den Raum zwar als Aktionsfeld von Handlung (also Handlung *im* Raum) betrachtet, aber gleichzeitig auch eine Neukonstituierung von Raum *durch* Handlung vorsieht.

3.3. SI und Praktiken im öffentlichen Raum

3.3.1. *Détournement*

Die erste Praktik, die im Rahmen dieser Arbeit analysiert werden soll, ist das *détournement*. Bereits in der ersten Ausgabe der *internationale situationniste* findet sich eine Aufstellung von "Definitionen", anhand derer die SI ihre Methoden festlegt. Neben der Psychogeographie, der konstruierten Situation, dem unitären Urbanismus und dem Umherschweifen (*dérive*), wird die Zweckentfremdung (*détournement*) wie folgt definiert:

> ZWECKENTFREMDUNG: in abgekürzter Formel: Zweckentfremdung von vorgefertigten ästhetischen Elementen. Eingliederung jetziger bzw. vorangegangener Kunstproduktionen in eine höhere Konstruktion der Umwelt. In diesem Sinne kann es weder eine situationistische Malerei noch eine situationistische Musik, wohl aber eine situationistische Anwendung dieser Kunstmittel geben. In einem ursprünglichen Sinne ist die Zweckentfremdung innerhalb der alten

---

[121] Vgl. Löw (2001), 18.

Kulturgebiete eine Propagandamethode, die deren Abnutzung und Verlust an Bedeutung zu erkennen gibt.[122]

Das Ziel der Zweckentfremdung ist also die "höhere Konstruktion der Umwelt." Diese Konstruktion durch das *détournement* vollzieht sich jedoch nicht durch einen künstlerischen Prozeß der Kreation, der Neuerschaffung, sondern benutzt bereits existierende Gegenstände, Texte und Bilder. "These methods were essentially reworkings of those employed by the dadaists and surrealists, extended by the situationists to every area of social and discursive life"[123]

Abb. 1: Jorn, Asger (1960/62): *Le barbar et la berbère.*

Wie Sadie Plant in diesem Zitat bereits anklingen läßt, ist das *détournement* als eine Fortführung der künstlerischen Praktik der Historischen Avantgarde entstanden, die sich gegen die Autonomie der Kunst und die Originalität des Kunstwerkes richtete. Als bekanntes Beispiel wäre hier auf die Readymades Marchel Duchamps zu verweisen. Asger Jorn ist einer der ersten Situationisten, der mit seinen *Modifications* (Abb. 1) ein *détournement* der Kunst betreibt, also einen "malerischen Vorschlag zur Praxis der Zweckentfremdung"[124] macht, indem er alte Flohmarkt- und Kitschbilder übermalt. Aber die SI versteht das *détournement* nicht nur als eine, wie oben bereits

---

122	"Definitionen" (*SI Nr. 1*, 1958), 19.
123	Plant (1990), 87.
124	Ohrt (2000a), 25.

zitiert, "situationistische Anwendung der Kunstmittel", sondern strebt eben jene "höhere Konstruktion der Umwelt" an.

Bevor die Kritik und die ständige Neuschaffung der Totalität des alltäglichen Lebens von allen Menschen natürlicherweise ausgeübt werden kann, sollten sie unter den Bedingungen der gegenwärtigen Unter-drückung unternommen werden und zwar, um diese Bedingungen zugrundezurichten.[125]

In diesem Sinne ist die Zweckentfremdung als ein erster Schritt der SI zu betrachten, "die gegenwärtige Unterdrückung" zu zerstören, auf deren Trümmern sich eine neue, bessere Gesellschaft aufbauen lassen soll. Damit ist das *détournement* ein wichtiges Verfahren, die Gesellschaft des Spektakels, die Herrschaft des Warenkonsums und der Werbung zu bekämpfen. "Set free by their *détournement*, commodified meanings reveal a totality of possible social and discursive relations which exceeds the spectacle's constraints."[126] Betrachtet man die Illustrationen der Zeitschrift *internationale situationniste*, so werden dort vor allen Dingen zwei Arten von *détournement* betrieben. Zum einen sind Comiczeichnungen eine bevorzugte Vorlage, um den ursprünglichen Inhalt der Sprechblasen durch gesellschaftskritisierende Aussagen zu ersetzen, zum anderen bieten Werbeplakate (Abb. 2) eine geeignete Angriffsfläche, indem sie das homogen erscheinende Bild der Werbung durch kleine Abweichungen in Form von Untertiteln, Übermalungen oder Montage als Illusion und Spektakel enthüllen.

> It is a turning around and a reclamation of lost meaning: a way of putting the stasis of the spectacle in motion. It is plagiaristic, because its materials are those which already appear within the spectacle, and subversive, since its tactics are those of the "reversal of perspective", a challenge to meaning aimed at the context in which it arises.[127]

Im Hinblick auf die Untersuchung des öffentlichen Raums ist die Zweckentfremdung jedoch nur insofern interessant, als dass sie eine kulturelle Praktik ist, die innerhalb des öffentlichen Raums operiert.

---

[125] "Perspektiven einer bewußten Änderung des alltäglichen Lebens." (*S.I. Nr. 6*, 1961), 233.

[126] Plant (1990), 87.

[127] Plant, 86. Mit dem Ausdruck "reversal of perspective" zitiert Plant hier Vaneigem, Raoul (1979): *The Revolution of Everyday Life*. [**orig. 1967:** *Traité de savoir-vivre a l'usage des jeunes générations*. Paris]. London, 137.

Vor allem durch das Medium ihrer Zeitschrift rebelliert die SI gegen den visuellen Einfluss des Spektakels und seiner Propaganda des Konsums. Der Zusammenhang von der Gestaltung des urbanen Raums und der sich in ihm vollziehenden kapitalistischen Interessen ist der SI durchaus bewusst. So schreibt Debord in These 174 in *La Société du Spectacle*:

> Der gegenwärtige Moment ist bereits derjenige der Selbstzerstörung des städtischen Milieus. [...] Aber die technische Organisation der Konsums steht lediglich im Vordergrund der allgemeinen Auflösung, die die Stadt auf diese Weise dahin gebracht hat, *daß sie sich selbst konsumiert*.[128]

Abb.3: "La domination du Spectacle sur la Vie." *internationale situationniste*, Nr. 11 (1967).

Mit der Praktik des *détournement* soll damit den Konsumenten ein Spiegel vorgehalten und ihnen ihr passives Konsumverhalten vor Augen geführt werden. Die zweckentfremdete Werbung der Eumig-

---

[128] Debord (1996), These 177, 151f; Hervorhebung des Autors.

Filmkamera beispielsweise kritisiert, dass in der Gesellschaft des Spektakels das aktive Leben einem passiven Betrachten gewichen ist. 'Das Leben', so lässt sich pathetisch formulieren, wird nicht mehr unmittelbar im Moment erlebt, sondern nur noch in der zeitlichen (und räumlichen) Verschiebung, der Erinnerung, im Nachhinein.

Zu Zeiten der SI war das *détournement* vornehmlich ein künstlerisches Experimentieren mit vorgegebenem kulturellen Material. Es lässt sich noch nicht so konkret als ein Angriff auf das Antlitz des öffentlichen Raums sehen, da in den sechziger Jahren die Werbung im öffentlichen Raum noch nicht so ausgeprägt war wie heutzutage und dementsprechend die situationistischen Angriffe gegen das Spektakel und den Konsum weitaus weniger Präsenz im urbanen Raum erzielen konnten, als das heute möglich ist. Während die SI zu ihrer Wirkungszeit in den sechziger und siebziger Jahren zwar bereits den Einfluss des Konsums auf den urbanen Raum erkannte (Debord kritisiert in der bereits zitierten These 171 beispielsweise die Entstehung von riesigen Supermärkten und Einkaufszentren), bot die Praktik des *détournement* wenig Möglichkeiten der Intervention. Heutzutage existiert jedoch eine sehr beliebte Form der Sabotage, das so genannte "Culture Jamming", bei dem praktisch jede Art der Werbung im öffentlichen Raum als Angriffsfläche gegen Konzerne, Tabakindustrie, Schönheitswahn und ausbeutende Arbeitsbedingungen in Ländern der so genannten Dritten Welt benutzt wird. Hier wird der Einfluss sichtbar, den die SI mit ihrem *détournement* auf heutige Aktivisten und Künstler hat und den Naomi Klein in ihrem Aufsehen erregenden Buch *No Logo* aufzeigt.[129] Klein untersucht die kulturelle Praktik des "Culture Jamming" ebenfalls sehr detailliert in Bezug auf die Nutzung des öffentlichen Raums durch so genannte "Adbusters".

> Streets are public spaces, adbusters argue, and since most residents can't afford to counter corporate messages by purchasing their own ads, they should have the right to talk back to images they never asked to see. [...] Culture Jamming badly rejects the idea that marketing - because it buys its way into our public spaces - must be passively accepted as a one-way information flow.[130]

---

[129] Vgl. Klein, Naomi (2000): *No Logo*. London, 282f.
[130] Klein (2000), 280f.

In diesem Sinne könnte man das *détournement* durchaus als eine Praktik betrachten, die sich *in* einem vorgegebenen Raum vollzieht und versucht, durch eine subversive Praktik der 'Umkodierung' eine andere, kritische Perspektive auf die bestehenden Strukturen der Ökonomie, der Gesellschaft und auch des öffentlichen Raums zu eröffnen. An diesem Punkt erscheint es notwendig anzumerken, dass die einzelnen Praktiken der SI im urbanen Raum zwar als eigenständige Praktiken existierten und auch analysiert werden können, sie aber im Hinblick auf die Konstruktion von Situationen als Teile eines Ganzen betrachtet werden müssen. "Wenn man erst einmal so weit gekommen ist, Situationen zu konstruieren, was das Endziel unserer ganzen Tätigkeit ist, wird es jedem frei stehen, gesamte Situationen zweckzuentfremden [...]."[131]

3.3.2. Psychogeographie und *Dérive*

Das im vorhergehenden Kapitel zitierte Vorhaben einer "Neuerschaffung der Totalität des alltäglichen Lebens" stand für die SI im Zentrum des Interesses. Damit einher ging die Forderung einer Neupositionierung des Künstlers in der Gesellschaft, die sich innerhalb der SI in Tradition der Historischen Avantgarde bis zu einer Negation des Berufs-künstlers radikalisierte. "In einer klassenlosen Gesellschaft, kann man sagen, wird es keine Maler mehr geben, sondern Situationisten, die unter anderem auch malen."[132] Die von der Avantgarde geforderte Auflösung der Trennung von Kunst und Leben vollzieht sich für die SI zugunsten einer Umwälzung des alltäglichen Lebens, in Form eines kreativen Moments der Neugestaltung des Alltags. Eine Möglichkeit dieser "freien Konstruktion des Lebens"[133] sahen die Situationisten im Spiel.

> Die Ausübung dieser spielerischen Schöpfung ist die Garantie der Freiheit eines jeden und aller [...] Die Befreiung des Spiels ist seine schöpferische Autonomie die über die alte Trennung zwischen aufgezwungener Arbeit und passiver Freizeit hinausgeht.[134]

---

[131] Debord, Guy und Wolman, Gil J. (1995b):"Gebrauchsanweisung zur Zweckentfremdung." **[orig.: 1956]** In: Gallisaires/ Mittelstädt/ Ohrt (Hg.): *Der Beginn einer Epoche*. Hamburg, 26.
[132] Debord (1995c), 42f.
[133] „Manifest" (*SI Nr. 4*, 1960), 152.
[134] "Manifest" (*SI Nr. 4*, 1960), 152.

Eine Möglichkeit der Verwirklichung dieser "schöpferischen Autonomie" war für die SI die Praktik des Umherschweifens (*dérive*). Das bewusst ziellose Herumstreunen durch die Straßen sollte den Handlungsmotiven, den durch die kapitalistische Gesellschaft produzierten Arbeits- und Freizeitbedingungen widerstreben. In seiner "Theorie des Umherschweifens"[135] legt Guy Debord die Richtlinien für eine solches Unterfangen fest: Zwei bis drei Personen, in wechselnden Kombinationen, sollen im Idealfall in der Zeitspanne eines Tages entweder in einer kleinen Umgebungseinheit oder maximal in dem Gebiet einer Großstadt sich durch den Zufall gelenkt bewegen.[136] Das Umherschweifen, so Debord,

> "ist unter den verschiedenen situationistischen Verfahren[137] [...] eine Technik des eiligen Durchgangs durch abwechslungsreiche Umgebungen. Der Begriff des Umherschweifens ist untrennbar verbunden mit der Erkundung von Wirkungen psychogeographischer Natur und der Behauptung eines konstruktiven Spielverhaltens, was ihn in jeder Hinsicht den klassischen Begriffen der Reise und des Spaziergangs entgegenstellt.[138]

Indem das Umherschweifen als eine Art des Spielens definiert wird entzieht es sich den alltäglichen, zweckorientierten Handlungen.

Der Ort dieses Spiels ist ebenfalls vorgegeben: "Der Spielraum umfasst höchstens das durch eine Großstadt samt Vororten gebildete Gebiet; minimal kann er das einer kleinen Umgebungseinheit sein - ein einziges Viertel oder sogar ein einziger Häuserblock [...]."[139] Damit stellt Debord die Bedeutung der Großstadt für das Verfahren des Umherschweifens sehr deutlich heraus. Ziel des Umherschweifens ist die Erforschung eines psychogeographischen Urbanismus. 'Psychogeographie' meint hier die "Erforschung der genauen unmittelbaren Wirkungen, seien sie bewusst gestaltet oder nicht, des geographischen Milieus auf das emotionale Verhalten der Individu-

---

135	"Theorie des Umherschweifens" (SI Nr. 2, 1958), 58-63.
136	"Theorie des Umherschweifens" (*SI Nr. 2*, 1958), 60f.
137	Hier sei angemerkt, dass die Formulierung Debords vermuten läßt, es gäbe einen ganzen Katalog von situationistischen Verfahren. Abgesehen vom Umherschweifen, entwickelte die SI aber nur die "Verfahren" der Zweckentfremdung (*détournement*), und der Konstruktion der Situation.
138	"Theorie des Umherschweifens" (*SI Nr. 2*, 1958), 58.
139	"Theorie des Umherschweifens" (*SI Nr. 2*, 1958), 61.

en."[140] Die Bezeichnung 'Urbanismus' spezifiziert das geographische Milieu explizit auf das der Stadt, wobei dieser Begriff im folgenden Unterkapitel im Zusammenhang des unitären Urbanismus noch nähere Erläuterung findet. Das Ergebnis, welches sich Debord vom Umherschweifen verspricht, ist also "die unmittelbare Wirkung der geographischen Umwelt auf das Gefühlsleben."[141]

Gleichzeitig aber wurde die isolierte individuelle Empfindung für unzureichend erklärt und versucht, diese in einen größeren gesellschaftspolitischen Kontext zu stellen. Dementsprechend ist das Umherschweifen zwar ziellos, es strebt keinen konkreten geographischen Zielort an, jedoch ist es nicht ohne Ziel. In der "Einführung in eine Kritik der städtischen Geographie" bringt Debord den individuellen Aspekt des Umherschweifens mit einem differenzierten Ansatz der Kritik zusammen, indem er die (persönliche) Erfahrung der "Vielfalt der Kombinationsmöglichkeiten von Stimmungen", die durch "trübsinnige und angenehme Stadtviertel"[142] erzeugt werden, als eine "Darstellung einer *Summe von Möglichkeiten*"[143] betrachtet. Diese 'Summe von Möglichkeiten' wird jedoch durch die Homogenisierung des Spektakels verneint. In *La Société du Spectacle* setzt sich Debord in Kapitel sieben: "Die Raumordnung" intensiv mit der Konstitution des Raums auseinander. In These 165 schreibt er: "Die kapitalistische Produktion hat den Raum *vereinheitlicht*, den keine äußeren Gesellschaften mehr begrenzen. Diese Vereinheitlichung ist zugleich ein extensiver und intensiver Prozeß der Banalisierung."[144] Damit ist das Umherschweifen eine Praktik, welche den Einzelnen in seinem Gang durch die Stadt die unterschiedlichen psychogeographischen Stimmungen dieser Stadt erfahrbar machen lassen sollen und gleichzeitig damit auch das Bruchstückhafte, die Leerstellen und Widersprüche innerhalb dieses als Einheit erscheinenden urbanen Raums hervorhebt. Hier bildet sich der Ansatzpunkt für die folgenden Überlegungen der Veränderung dieses Raums. Wichtig ist zunächst festzustellen, dass die Praktik des Umherschweifens an sich noch keine Veränderung des öffentlichen

---

140 "Definitionen" (*SI Nr. 1*, 1958), 18.
141 "Definitionen" (*SI Nr. 1*, 1958), 18.
142 Debord, Guy (1995a): "Einführung in einer Kritik der städtischen Geographie." [orig.: 1955] In: Gallisaires/ Mittelstädt/ Ohrt (Hg.): *Der Beginn einer Epoche*. Hamburg, 18.
143 Debord (1995a), 19; Hervorhebung des Autors.
144 Debord (1996), 145; meine Hervorhebung.

Raums erzeugt. Sie stellt lediglich einen ersten Schritt dar, nämlich die Erfahrbarmachung eines fragmentarischen Raums, der als einheitlicher erscheint.

In diesem Kontext sei auf Martina Löws absolutistisches Raumkonzept Bezug genommen, um das Verständnis der SI von urbanem Raum zu überprüfen und weiter zu differenzieren. "Die Vorstellung vom Behälterraum ist [...] bis heute eine dominante Vorstellung im alltäglichen Verständnis von Raum."[145] Ein Vertreter dieses absolutistischen Raumkonzeptes ist Georg Simmel.[146] Simmel vertritt die Vorstellung, Raum sei "eine an sich wirkungslose Form."[147] Überträgt man die Vorstellung des Behälterraums auf das Verfahren des *dérive*, so lässt sich zunächst feststellen, dass das Umherschweifen in einem geographisch abgegrenzten Ort stattfindet, der als gegeben vorausgesetzt wird, und die Bewegungen des Umherschweifens auf die Konstitution des Raums an sich keine Wirkung haben, sich also lediglich *in* ihm vollziehen. Dazu läßt sich Simmel wie folgt zitieren:

> So ist eine Gesellschaft dadurch, daß ihr Existenzraum von scharf bewußten Grenzen eingefaßt ist, als eine auch innerlich zusammengehörige charakterisiert, und umgekehrt: die wechselwirkende Einheit, die funktionelle Beziehung jedes Elementes zu jedem gewinnt ihren räumlichen Ausdruck in der einrahmenden Grenze.[148]

Auch Debord beschreibt den öffentlichen Raum zunächst als einen geschlossenen und unveränderlichen:

> Wir bewegen uns in einer GESCHLOSSEN Landschaft, deren Markierungen uns ständig zur Vergangenheit hinziehen. Zwar erlauben uns gewisse BEWEGLICHE Winkel und FLÜCHTIGE Perspektiven in originelle Auffassungen des

---

[145] Löw (2001), 27.

[146] An diesem Punkt muss angemerkt werden, dass der vorgegebene, begrenzte Umfang der vorliegenden Arbeit nicht den Anspruch zuläßt, Simmels Soziologie des Raumes in seiner Gesamtheit darzustellen. Zur Fortführung meiner Argumentation seien deshalb hier nur die Aspekte Simmels Theorie thematisiert, die für die Analyse der Praktiken der SI im Raum von Nutzen sind.

[147] Löw (2001), 59.

[148] Simmel, Georg (1983): *Schriften zur Soziologie*. Frankfurt/Main, 226.

Raumes durchzublicken, aber dieser Blick bleibt bruchstückhaft.149

Durch das Umherschweifen können also 'bewegliche Winkel' und 'flüchtige Perspektiven' eingenommen werden, welche die Möglichkeit bieten, die einzelnen Fragmente, die durch das Spektakel zusammen als homogenes Ganzes erscheinen, sichtbar zu machen. Wichtig ist hierbei jedoch, dass Debord den Vorgang des Umherschweifens, d.h. der Bewegung im Raum, mit dem Vorgang des Betrachtens, dem Blick, gleichsetzt.

Auf ähnliche Weise vollzieht sich auch Simmels Verständnis von Raum. Martina Löw analysiert Simmels "Soziologie des Raumes" im Kontext seiner 1905 gehaltenen Kant-Vorlesungen und formuliert die These, dass "die Frage nach Simmels Verständnis von 'Form' für die Interpretation seiner Ausführungen wesentlich [sei]."150 Dabei sei "[d]er unendliche, leere Raum, die Vorstellung eines Behälters [...] eine bloße Abstraktion. Räumlichkeit entstehe nur dadurch, daß Menschen sie in ihrer Vorstellung generieren."151 Daraus leitet Löw die These ab, dass Simmel

> die Gestaltung der Dinge als das für gesellschaftliche Prozesse Wesentliche betrachtet. Es sind die Dinge, deren Räumlichkeit im *Prozeß des Anschauens* geschaffen wird, und die, so der Soziologe Simmel, von Menschen in ihren Handlungen angeordnet und emotional besetzt werden.152

Für Simmel wäre der Prozess des Anschauens jedoch ein homogener Vorgang, bei dem "Raum überhaupt nur eine Tätigkeit der Seele ist, nur die menschliche Art, an sich unverbundenen Sinnesaffektionen zu einheitlichen Anschauungen zu verbinden."153 Im Gegensatz dazu ist das Umherschweifen eine Praktik, die den Raum in seiner angeblichen Einheit in Frage stellt und diese angebliche Einheit des Raums durch ihre 'einrahmende Grenze' als eine Illusion sichtbar macht. Der Blickwinkel, von dem aus dieser scheinbar einheitliche Raum im Umherschweifen beobachtet wird, entwirft ein fragmentarisches Bild der Stadt, in dem einzelne psychogeographische

---

[149] "Formular für einen neuen Urbanismus" (*SI Nr. 1*, 1958), 20; Hervorhebung des Autors.
[150] Löw (2001), 58.
[151] Löw (2001), 59.
[152] Löw (2001), 60; meine Hervorhebung.
[153] Simmel, zitiert in Löw (2001), 61.

Stimmungen aufeinander treffen, die "einen plötzlichen Stimmungswechsel auf einer Straße in einer Entfernung von nur wenigen Metern"[154] sichtbar werden lassen. Diese fragmentarische Perspektive wurde von Debord durch die Erstellung von psy-

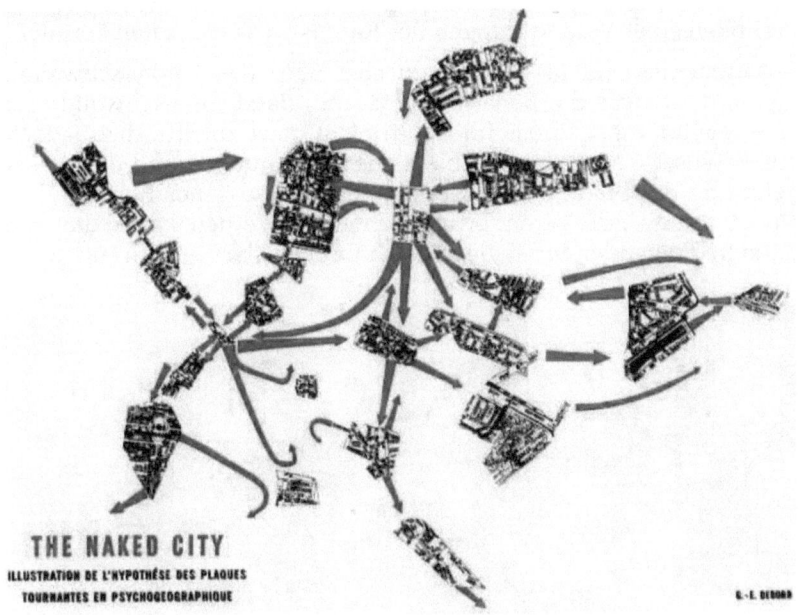

Abb. 3: Debord, Guy (1957): *The Naked City*.

psychogeographischen Karten, wie beispielsweise *The Naked City* (Abb. 3) oder dem *Discours sur les Passions de l'Amour* (Abb. 4) weiter verfolgt, und soll im Folgenden näher untersucht werden. Im Hinblick auf die Frage nach der Einheit des Raums lässt sich jedoch zunächst feststellen, dass die SI mit dem Verfahren des Umherschweifens zwar die Einheit des Raums durch die gewählte Perspektive in Frage stellt, aber den Raum an sich, unabhängig von seiner Wahrnehmung zunächst nicht als veränderlich ansieht. Die Veränderung der Wahrnehmung des Raums durch das *dérive* wirft daraufhin jedoch die Frage auf, ob die Gegebenheiten des Raums, die als natürlich und unveränderlich vorausgesetzt werden und die die Vorstellung einer Einheit evozieren, nicht konstruiert und damit auch

---

[154] Debord (1995a), 18.

veränderbar sind. Damit würde das absolutistische Raumkonzept zur Untersuchung der situationistischen Praktiken im Raum an seine Grenzen stoßen. Das Verfahren des Umherschweifens wäre ein erster Schritt in einer Reihe von Praktiken, die den Raum in seiner Wahrnehmung verändern, aus dem sich dann im folgenden Praktiken einer Veränderungen des Raums an sich ableiten könnten.

Zusammenfassend lässt sich zunächst über das Umherschweifen sagen, dass zwar die Behauptung der SI, das Umherschweifen sei eine revolutionäre Praxis im Raum nicht ganz zutrifft, dass jedoch das Bewusst machen unterschiedlicher Stimmungen und die Wahrnehmung der Stadt als ein Konglomerat heterogener Elemente als eine Vorstufe zur Veränderung betrachtet werden kann, die sich dann im Folgenden Strategien des Umbruchs überlegen muss.

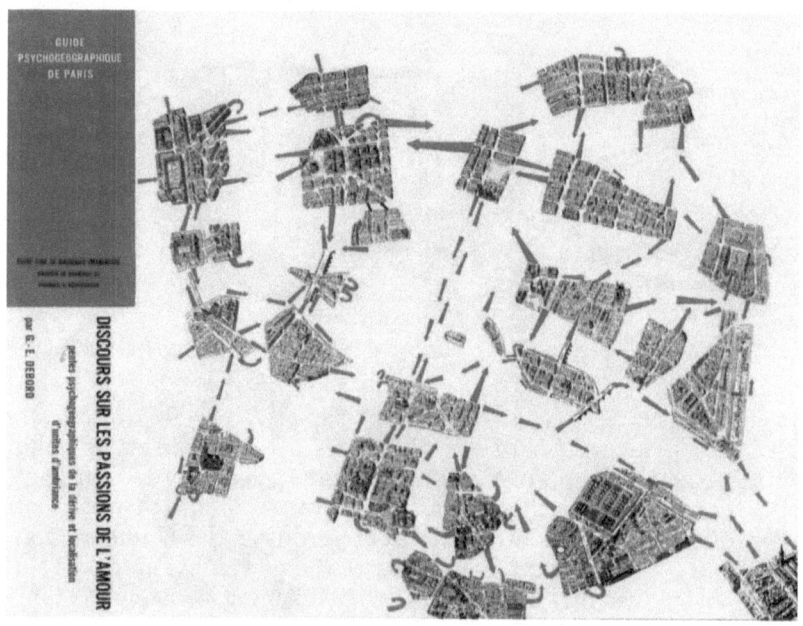

Abb. 4: Debord, Guy (1957): *Discours sur les Passions de l'Amour.*

3.4. The Naked City und Discours sur les Passions de l'Amour

Anknüpfend an die im vorgehenden Unterkapitel aufgestellten These, das Umherschweifen sei ein erster Schritt einer Veränderung der Wahrnehmung, von der aus die Umgestaltung der gesellschaftlichen Verhältnisse erfolgen muss, sollen nun die psychogeographischen Karten Debords näher untersucht werden. Diese Karten zeigen die fragmentarische Perspektive auf die Stadt um ein vielfaches deutlicher, als dies durch eine Beschreibung des Umherschweifens geschehen kann. Dabei ist die aufgezeichnete Chronologie von einer Veränderung der Wahrnehmung hin zu einer Veränderung der Handlungsweisen, die den Raum in seinen Konstitution modifizieren können, lediglich eine strukturelle Hilfe im Hinblick auf die hier vorgenommene Untersuchung des Raums. Betrachtet man die Geschichte der SI, so ist diese Chronologie keineswegs vorhanden. Die unterschiedlichen Praktiken im Raum, das *dérive*, das *détournement* wie auch die Theorie des unitären Urbanismus oder die Konstruktion von Situationen waren alle zum Gründungszeitpunkt der Bewegung in unterschiedlicher Ausprägung bereits vorhanden. Insofern kann eine solche 'synthetische Chronologie' nicht den Zweck der Rekonstruktion historischer Ereignisse zum Ziel haben, sondern vielmehr den der Strukturierung verschiedener Denk- und Handlungsmuster.

Die beiden Karten Guy Debords, *The Naked City* und *Discours sur les Passions de l'Amour* lagen beide zum Zeitpunkt der Gründung bereits vor. Tom McDonough beschreibt die Bedeutung von *The Naked City* wie folgt:

> The map served both as a summary of many of the concerns shared by the three organizations [Lettristen, COBRA und Movement for an Imaginist Bauhaus], particularly around the question of the construction and perception of urban space, and a demonstration of the directions to be explored by the SI in the following years.[155]

Damit ist die Karte Symbol der Standortbestimmung zum Zeitpunkt der Gründung und beinhaltet gleichzeitig eine Formulierung der angestrebten Ziele, einen Ausblick auf die zu gestaltende Zukunft der Bewegung, die Frage nach der Wahrnehmung des öffentlichen Raums und nach Möglichkeiten der Intervention in diesen Raum.

---

[155] McDonough (2002), 241.

Beide Karten bestehen aus einer Collage ausgeschnittener Teile einer Stadtkarte, welche mit roten Pfeilen miteinander verbunden sind. Die Anordnung der Ausschnitte entspricht nicht der 'wirklichen' geographischen Anordnung der Stadt, so wie sie auf einem Stadtplan verzeichnet ist, sondern bildet einzelne, in sich geschlossene "unities of atmosphere."[156] Die roten Pfeile zeigen "the spontaneous turns of direction taken by a subject moving through these surroundings in disregard of the useful connections that ordinarily govern this conduct."[157] Auf den ersten Blick eröffnen die Karten eine Fülle, ja fast Freiheit von Bewegungsmöglichkeiten. Folgt man jedoch den eingezeichneten Richtungsverweisen der Pfeile, so wird deutlich, dass diese Bewegungsmöglichkeiten sehr eingeschränkt sind. McDonough geht noch einen Schritt weiter und vergleicht die Pfeile von *The Naked City* mit den Schienen für eine Lokomotive. Die Lokomotive bewegt sich zwar aus eigenem Antrieb, die Richtungen und Möglichkeiten der Bewegung sind jedoch durch die Schienen vorgegeben.[158]

Darüber etabliert McDonough den zentralen Kritikpunkt der SI am städtischen Raum:

> [A]lthough self-propelled, the locomotive's path is determined within strict boundaries, just as, for the situationists, the subject's freedom of movement is restricted by the instrumentalized image of the city propagated under the reign of capital.[159]

Damit sind also die Kritik der kapitalistischen Gesellschaftsform und die Wahrnehmung ihrer Strukturen ähnlich wie bei dem Verfahren des Umherschweifens ein zentrales Anliegen. Während es bei dem *dérive* jedoch primär um das eigene Erfahren der Atmosphäre

---

[156] McDonough (2002), 243.

[157] Zitiert in: McDonough (2002), 243; dieses Zitat entstammt der Rückseite der Karte *The Naked City* und wurde von Asger Jorn unter dem Titel "Quartième expérience du MIBI (Plan psycho-géographiques de Guy Debord)" verfasst.

[158] Zu einer ähnlichen (wenn auch enger gefassten) Interpretation gelangt auch Roberto Ohrt, wenn er den *Discours sur les Passions de l'Amour* in Zusammenhang mit seiner Analyse Michel Bernsteins Roman *La nuit* als "Metroplan" ließt: "Pfeile für schnelle Bewegungen im Tunnel ohne Ausblick auf die Stadt, die Viertel dann als Stationen mit ihren Gängen, Treppen und kleinen Plätzen." Vgl. Ohrt (1990), Abb. 153, 303.

[159] McDonough (2002), 243.

der Stadt mit ihren Brüchen und Diskontinuitäten geht, so sind die psycho-geographischen Karten schon ein Instrument der Kritik, indem sie auf das Bild der Stadt als ein konstruiertes aufmerksam machen. Die Karten sind in erster Linie zum Anschauen gemacht und zwar zur Betrachtung durch ein Publikum (wie z.B. Ausstellungsbesucher oder Leser/Betrachter der Publikation).

Was wird betrachtet und wie wird es betrachtet? Im Unterschied zu einer herkömmlichen Stadtkarte stehen bezeichnetes Objekt (die Stadt) und bezeichnende Graphik (die Karte) in keinem direkten Abbildungsverhältnis. Was hier betrachtet werden kann sind lediglich Teile eines einheitlich erscheinenden Ganzen. Die Titel der beiden Karten *The Naked City* und der *Discours sur les Passions de l'Amour* evozieren eine körperliche, fast erotische Betrachtungsweise des urbanen Raums. Vincent Kaufmann bietet in diesem Kontext eine sehr interessante Lesart, wenn er Debords *The Naked City* wie folgt beschreibt: "Nackte, zu entblößende, erotisch zu besetzende Stadt, zerstückelter, auf seine erogenen Zonen reduzierter urbaner Körper."[160]

Da die beiden psychogeographischen Karten jedoch zum einen keinen deutlich markierten Anfangs- und Endpunkt besitzen und zum anderen die Pfeile, wie bereits thematisiert, mehrere Bewegungsmöglichkeiten zulassen, gibt es auch keine 'richtige' Lesart, wie dies bei einer gewöhnlichen Karte der Fall wäre. McDonough radikalisiert diese These, indem er feststellt, *The Naked City* illustriere sehr deutlich

> its figuration as a narrative rather than as a tool of "universal knowledge". The users of the maps were asked to choose a directionality and to overcome obstacles, although there was no "proper" reading. The reading chosen was a performance of one among many possibilities [...] and would remain contingent. The subject's achievement of a position of mastery, the goal of narrative's resolution, was thereby problematized.[161]

Damit kann zunächst festhalten werden, dass die Karte sich nicht als ein homogenes Ganzes betrachten lässt und es gleichzeitig auch

---

[160] Kaufmann, Vincent (2003): *Guy Debord: Die Revolution im Dienste der Poesie*. Berlin. Vorabdruck als Supplement der Wochenzeitung Jungle World, Nr. 1,2, 2003/04, S. 27.

[161] McDonough (2002), 243f.

keine festgeschriebene Perspektive auf das Präsentierte gibt. Im Gegensatz dazu zeigt die gewöhnliche Karte ein Bild der Stadt in einer Ganzheit, die aber von den Bewohnern der Stadt so nicht erfasst werden kann.[162] Michel de Certeau schreibt in diesem Kontext: "Die Panorama-Stadt ist ein 'theoretisches' Trugbild, also ein Bild, das nur durch ein Vergessen und Verkennen der praktischen Vorgänge zustandekommt."[163] Die Abbildung des Raums durch Stadtpläne, denen ein allumfassender Blick von oben zugrunde liegt, zeichnet sich also in Bezug auf die Bewegung der Bewohner dieses Raums durch eine "Abwesenheit dessen, was geschehen ist" aus:

> Sicher, die Prozesse des Gehens können auf Stadtplänen eingetragen werden, indem man die (hier sehr dichten und dort sehr schwachen) Spuren und Wegbahnen (die hier und nicht dort durchgehen) überträgt. Aber diese dicken oder dünnen Linien verweisen wie Wörter lediglich auf die Abwesenheit dessen, was geschehen ist. Bei der Aufzeichnung von Fußwegen geht genau das verloren, was gewesen ist: der eigentliche Akt des Vorübergehens.[164]

Während der übliche Stadtplan als ein fixiertes, statisches Ganzes erscheint, versucht Debord in seinen Karten die Bewegung in der Stadt bzw. die Möglichkeiten der Bewegung erfahrbar zu machen und abzubilden. "It [*The Naked City*] is predicated on a model of moving, on 'spatializing actions,' known to the situationists as *dérives*; rather than presenting the city from a totalizing point of view, it organizes movements metaphorically around psychogeographic hubs."[165] In diesem Sinne könnte man die psychogeographischen Karten Debords als einen Versuch der Abbildung der Praktik des *dérive* lesen, die dem statischen Bild der Stadt in Form von Stadtplänen gegenübergestellt sind. Betrachtet man einige Passagen aus De Certeaus *L'Invention du Quotidien*, so scheint es fast, als beschriebe Certeaus eben jenes Umherschweifen und dessen Abbildung:

> Die Netze dieser voranschreitenden und sich überkreuzenden "Schriften" bilden ohne Autor und Zuschauer eine vielfältige Geschichte, die sich in Bruchstücken von Bewegungs-

---

162	Vgl. McDonough (2002), 246.
163	De Certeau, Michel (1988): *Die Kunst des Handelns*. [orig.: 1980: *L'Invention du Quotidien*. Paris] Berlin, 181.
164	De Certeau (1988), 188.
165	McDonough (2002), 246.

bahnen und in räumlichen Veränderungen formiert: im Verhältnis zu dem, wie es sich darstellt, bleibt diese Geschichte alltäglich, unbestimmt und anders.[166]

Obwohl Debord mit seinen psychogeographischen Karten solche "vielfältigen Geschichten" konstruiert und damit das Stadtbild als Ganzes zerstückelt hat, lässt er dennoch bewusst kleine Einheiten bestehen, die er "Mikrozonen"[167] nennt. Hier lässt sich erneut eine Parallele zu Martina Löws Raumkonzepten ziehen. Löw spricht in diesem Kontext von einer "verinselten Vergesellschaftung" und stellt die Frage, inwiefern diese Erfahrung von Verinselung, wie es beispielsweise bei Kindern oft vorkommt, zu einem neuen Raumverständnis führen kann.[168] Daraus leitet Löw folgende These ab:

> Die Konstitution von Raum wird in zweifacher Hinsicht erfahren: die Inseln selbst erscheinen nach wie vor als umschließende, einheitliche Räume, in denen man sich mit Hilfe der angeeigneten Orientierungsfähigkeiten bewegen kann, gleichzeitig wird jedoch der über die Inseln hinausreichende Raum als heterogen und uneinheitlich erfahren.[169]

Dies lässt sich in zweierlei Hinsicht auf Debords psychogeographische Karten und die Erkenntnisse McDonoughs übertragen. Zum einen würde Löws These erklären, warum Debord die Stadt zwar fragmentiert hat, aber dennoch bestimmte "Mikrozonen"[170] als Einheiten aufrechterhält. Diese 'Mikrozonen', die Debord, wie bereits zitiert, auch als "unities of atmosphere" bezeichnet, lassen sich mit Chombart de Lauwes Idee des *quartier* verbinden. Debord selbst zitiert de Lauwe in der "Theorie des Umherschweifens", mit den Wortlaut, "dass 'ein Stadtviertel nicht nur durch die geographischen und ökonomischen Faktoren, sondern auch durch die Vorstellung bestimmt wird, die seine Bewohner[...] davon haben.'"[171] Für Chombart de Lauwe wie auch für Debord ist das *quartier* somit die Grundeinheit des urbanen Raums. Während de Lauwe jedoch diese Grundeinheit primär als "residential unit" begreift, ist es für Debord

---

166	De Certeau (1988), 182.
167	"Theorie des Umherschweifens" (*SI Nr. 2*, 1958), 59.
168	vgl. Löw (2001), 82f, hier 85.
169	Löw (2001), 86.
170	"Theorie des Umherschweifens" (*SI Nr. 2*, 1958), 59.
171	De Lauwe zitiert in: "Theorie des Umherschweifens" (*SI Nr. 2*, 1958), 59.

eine "unity of atmosphere."[172] Beide Autoren betrachten hier allerdings Raum, wie in diesem Kontext auch McDonough anmerkt, als absolutistisch und damit unveränderbar: "Space is thought of here as a context or container for social relations."[173]

Zum anderen unterstützt das oben angeführte Zitat von Martina Löw auch die These, Debords Karten verstecken nicht die sich in einem Stadtbild darstellenden Gegensätze und Widersprüche, sondern heben diese dagegen noch hervor. Hier klingt erneut die von McDonough zu Beginn des Unterkapitels angeführte Kapitalismuskritik an. Im Vergleich zum *Plan de Paris*, der laut McDonough "the most popular map of Paris"[174] sei und als "optical coherence" erscheine, zerstöre *The Naked City* diese "false continuity of the *Plan de Paris*."[175] Damit, so McDonough, homogenisiere der abstrakte Raum des *Plan de Paris*

> the conflicts that produce capitalist space[...]. Distinctions and differences are not eradicated; they are only hidden in the homogenous space of the plan. *The Naked City* brings these distinctions and differences out into the open, the violence of its fragmentation suggesting the real violence involved in the former's homogeneity.[176]

Beide Punkte, die Idee einer homogenen 'Mikrozone' in Form eines *quartiers* und die Kritik an der kapitalistischen Gesellschaft, die öffentlichen Raum als einheitliches Ganzes erscheinen lässt, finden sich in der Abhandlung *Production de l'Espace*[177] des französischen Sozi-alphilosophen Henri Lefèbvre wieder, der, wenn auch nur für begren-zte Zeit, in engem Kontakt mit der SI stand und ihre Theorien und Konzepte maßgeblich beeinflusste. Im Anschluss an die folgende Analyse des situationistischen Konzeptes des unitären Urbanismus bildet die Analyse Lefèbvres *Production de l'Espace* in Bezug auf das Verständnis der SI von öffentlichem Raum den Abschluss des Kapitels.

---

[172] McDonough (2002), 252.
[173] McDonough (2002), 252.
[174] McDonough (2002), 246.
[175] McDonough (2002), 248.
[176] McDonough (2002), 249.
[177] Lefèbre, Henri (1996): *The Production of Space.* [**orig.:1974**] Cambridge, Massachusetts.

3.5. Der unitäre Urbanismus[178]

In der ersten Ausgabe der *internationale situationniste* 1958 wird der unitäre Urbanismus als "Theorie des totalen Gebrauchs der Kunstmittel und Techniken, die zur vollständigen Konstruktion einer Umwelt in dynamischer Verbindung mit Verhaltensexperimenten mitwirken"[179] definiert. Damit ist der unitäre Urbanismus eine Zusammenführung der "Verhaltensexperimente" des *dérives* mit einer theoretischen Grundlage. Diese Grundlage besteht zum einen aus einer Vorstellung, wie man die "Kunstmittel und Techniken" gebrauchen kann, um eine Veränderung der Gesellschaft herbeizuführen, zum anderen ist der unitäre Urbanismus auch "eine Kritik des Urbanismus."[180] Während also die Psychogeographie und das Umherschweifen nach "den genauen Wirkungen der das Gefühlsverhalten der Individuen unmittelbar beeinflussenden geographischen Umwelt"[181] suchen, entwickelt der unitäre Urbanismus eine konkrete Vorstellung eines neuen urbanen Raums anhand der Kritik an dem vom Kapitalismus durchdrungenen Raum, innerhalb dessen er ein "Experimentierfeld für den SOZIALEN RAUM der zukünftigen Städte"[182] zu errichten versucht. "Die Entwicklung des städtischen Milieus," so die Kritik der Situationisten am öffentlichen Raum, sei "die kapitalistische Dressur des Raumes."[183]

Der erste Schritt, dieser "Dressur" entgegenzuwirken, lag in der Herausarbeitung der kleinsten Einheiten des Stadtraums, der, wie bereits zitiert, von Debord bezeichneten "unities of atmosphere." Die Fragmentierung, das Auseinanderschneiden kleiner Einheiten kann hierbei als ein erster Schritt in Richtung eines neuen Ganzen gesehen werden:

---

[178] In den Schriften der SI findet sich keine Erklärung des Begriffes 'unitär'. Im Duden wird 'unitär' jedoch mit "Einigung bezweckend oder erstrebend" erläutert. Vgl. Drosdowski, Günther (1981) (Hg.): *Duden*. (Bd. 6) Mannheim, 2.695.

[179] "Definitionen" (*SI Nr. 1*, 1958), 19.

[180] "Der unitäre Urbanismus am Ende der fünfziger Jahre" (*SI Nr. 3*, 1959), 87.

[181] "Definitionen" (*SI Nr. 1*, 1958), 19.

[182] "Der unitäre Urbanismus am Ende der fünfziger Jahre" (*SI Nr. 3*, 1959), 87; Hervorhebung des Autors.

[183] "Elementarprogramm des Büros für einen unitären Urbanismus" (*SI Nr. 6*, 1961), 223.

> Cutting up maps of Paris, and their boring confirmation of the city's current formation, was the first step in the creation of a new order. Unitary Urbanism was an urban future that would recover the lost, mythic wholeness that had been shattered by capital and bureaucracy.[184]

Simon Sadler hebt hier vor allen Dingen die mystische Färbung und den utopischen Charakter dieses Projektes hervor. So schreibt auch die SI: "Die Hacienda wirst du nicht sehen - es gibt sie nicht. Die Hacienda muss gebaut werden."[185]

Der Statik des Raums der kapitalistischen Gesellschaft sollten "bewegliche Szenerien"[186] entgegengesetzt werden. Wichtigstes Element dieser Umwandlung des urbanen Raums war das Spiel: "Während die Städte selbst wie ein elendes Spektakel, eine Ergänzung zu den Museen, den in Glasbussen herumgefahrenen Touristen feilgeboten werden, betrachtet der U.U. die städtische Umwelt als eine Gelände für Spiele der Beteiligung."[187] Als einen ersten Versuch, einen spielerischen Umgang mit der Stadt zu etablieren, kann die Praktik des Umherschweifens betrachtet werden: "[D]as situationistische Experiment des Umherschweifens [ist] gleichzeitig ein Mittel zur Erforschung der städtischen Umwelt und ein Spiel mit ihr."[188] Allerdings erkennt die SI bald, dass das Umherschweifen zwar "eine sehr genau datierte Kenntnis"[189] der Stadt vermitteln kann, für eine wirkliche Veränderung des Raums jedoch nicht ausreicht. In der situationistischen Vision einer neuen Stadt werden damit "die Umherschweifexperimente, deren Ergebnisse nicht zur bewussten Änderung dieser Umwelt geführt werden konnten, schliesslich veraltet"[190] und damit lediglich eine Vorstufe dieses Entwurfs sein.

---

[184] Sadler (1998), 120.
[185] "Formular für einen neuen Urbanismus" (*SI Nr. 1*, 1958), 20.
[186] "Formular für einen neuen Urbanismus" (*SI Nr. 1*, 1958), 21.
[187] "Der unitäre Urbanismus am Ende der fünfziger Jahre" (*SI Nr. 3*, 1959), 88.
[188] "Der unitäre Urbanismus am Ende der fünfziger Jahre" (*SI Nr. 3*, 1959), 90.
[189] "Der unitäre Urbanismus am Ende der fünfziger Jahre" (*SI Nr. 3*, 1959), 90.
[190] "Der unitäre Urbanismus am Ende der fünfziger Jahre" (*SI Nr. 3*, 1959), 90.

Hier kann Löws Unterscheidung des absolutistischen und des relativistischen Raumkonzeptes wieder herangezogen werden. Das Umherschweifen als eine Praktik *im* (vorgegebenen) Raum kann somit als Vorstufe einer Vorstellung betrachtet werden, in der die Handlung im Raum mit einer Konstruktion oder Veränderung dieses Raums einhergeht.

> Die Theorie auf dem Gebiet des U. U. von der Praxis nicht trennen zu wollen - das heisst nicht nur die Konstruktion [...] zusammen mit dem theoretischen Denken voranzutreiben, sondern vor allem den unmittelbaren, kollektiv empfundenen spielerischen Gebrauch der Stadt vom Urbanismus als einer Konstruktion nicht zu trennen.[191]

Somit sind der spielerische Gebrauch der Stadt und ihre Konstruktion untrennbar miteinander verbunden. Dieser spielerische Gebrauch mündet in das Konzept der Konstruktion von Situationen, das in Kapitel 4 ausführlich untersucht werden wird. In ihrer Auseinandersetzung mit der kapitalistischen Städteplanung sehen Attila Kotanyi und Raul Vaneigem in ihrem "Elementarprogramm des Büros für einen unitären Urbanismus" die Bedeutung "[l]ebendiger Kritik" in der "Errichtung von Stützpunkten für ein experimentelles Leben" und in der "Vereinigung derer, die ihr eigenes Leben auf einen für ihre Zwecke ausgerüsteten Territorium erschaffen wollen. Diese Stützpunkte sollen auf keinen Fall reserviert sein für eine von der Gesellschaft getrennte 'Freizeit'."[192]

Die Vorstellung von "Stützpunkten" nimmt in diesem "Elementarprogramm" Züge eines Guerillakrieges an, in welchem der spielerische Gebrauch der Stadt "die Funktion von Brückenköpfen für eine Invasion des gesamten Alltags übernehmen"[193] soll. Darüber hinaus sprechen Kotanyi und Vaneigem von der Besetzung des Raums durch den Feind und der Befreiung dieser Raums in dem Moment, "in dem gewisse Zonen dieser Besatzung entledigt werden," die als 'positive Löcher bezeichnet werden.[194] Dem Verständnis von Raum

---

191 "Der unitäre Urbanismus am Ende der fünfziger Jahre" (*SI Nr. 3*, 1959), 90.

192 "Elementarprogramm des Büros für einen unitären Urbanismus" (*SI Nr. 6*, 1961), 224.

193 "Elementarprogramm des Büros für einen unitären Urbanismus" (*SI Nr. 6*, 1961), 224.

194 "Elementarprogramm des Büros für einen unitären Urbanismus" (*SI Nr. 6*, 1961), 224.

liegt hier die Vorstellung zugrunde, dass dieser angeeignet und in Besitz genommen werden könne. Damit wäre hier wieder die Vorstellung eines neutralen Behälters bestätigt, der sich mit verschieden Inhalten füllen ließe. Die bereits zitierte "kapitalistische Dressur des Raums" ist somit nichts anderes als das Formen des Behälters Raum nach kapitalistischen Vorstellungen.

> Der moderne Kapitalismus, die bürokratische Konsumgesellschaft, [beginnt] seine eigene Szenerie überall ein wenig zu gestalten. Mit den neuen Städten baut diese Gesellschaft das Gebiet auf, das sie genau darstellt und das die angemessensten Bedingungen für ihr gutes Funktionieren vereinigt; gleichzeitig drückt sie ihr grundsätzliches Prinzip der Entfremdung und des Zwangs mit der klaren Sprache der Organisation des alltäglichen Lebens im Raum aus.[195]

Eine andere Perspektive auf den situationistischen Gebrauch von Raum eröffnet jedoch ein wiederholter Blick auf die Praktik des Umherschweifens und Debords psychogeographische Karten. In *The Naked City* hat Debord einzelne psychogeographische Einheiten der Stadt Paris herausgenommen und sie durch rote Pfeile zueinander in Relation gesetzt. Ähnlich wie bei der Praktik des Umherschweifens bietet die Karte mehrere Kombinationsmöglichkeiten und somit ein dynamisches Konstellationsgefüge an. Dies würde an die Idee des Vorhabens der SI anknüpfen, der Statik des kapitalistischen Raums bewegliche Räume entgegenzusetzen. Bewegliche Räume wären demnach nicht territorial festgelegt, sondern könnten in Relation zueinander gedacht werden. In diesem Sinne ist das Umherschweifen in der Stadt ein solches 'in-Relation-zueinander-setzen' und somit eine Form der Aneignung und Konstruktion von Raum.

> The *dérive* appropriates this urban space in context of what may be called a 'pedestrian speech act', in that 'the act of walking is to the urban system what speech act is to language'. Through the conscious appropriation of the city, the situationists force it to speak of the divisions and fragmentations masked by abstract space, the contradictions that enable political struggle over the production of space to exist at all. [...][196]

---

[195] "Kritik des Urbanismus" (*SI Nr. 6*, 1961), 214.
[196] McDonough (2002), 260.

Auf diese Art, so McDonough, sei das Umherschweifen ein politischer Gebrauch von Raum, in dem neue soziale Gefüge durch das "ludic-constructive behavior" der SI entstehen können.[197] Der hier von McDonough benutzte Ausdruck "pedestrian speech act" rekurriert erneut auf Michel de Certeaus Abhandlung *L'Invention du Quotidien*. De Certeau spricht in diesem Kontext von alltäglichen Handlungsweisen, "mit deren Hilfe sich die Benutzer den Raum wiederaneignen."[198] Eine Form dieser Praktiken ist für de Certeau beispielsweise das Gehen. Der öffentliche Raum, so de Certeau, berge verschiedene Möglichkeiten wie auch Einschränkungen des Gehens.

> [D]er Gehende [aktualisiert] bestimmte dieser Möglichkeiten. Dadurch verhilft er ihnen zur Existenz und verschafft ihnen eine Erscheinung. Aber er verändert sie auch und erfindet neue Möglichkeiten, da er durch Abkürzungen, Umwege und Improvisationen auf seinem Weg bestimmte räumliche Elemente bevorzugen, verändern oder beiseite lassen kann.[199]

Dieses bewusste Benutzen oder Aneignen des Raums steht, wie McDonough in dem oben angeführten Zitat deutlich macht, in Zusammenhang mit der Entstehung von Raum an sich. Die Art, wie sich der urbane Raum durch seine Benutzung konstituiert, soll im Folgenden anhand Henri Lefèbvres Publikation *La Production de l'Espace* und Martina Löws Auseinandersetzung mit Lefèbvres Werk genauer untersucht werden. Löws Raumkonzept erhält in Bezug auf den relativistischen und den absolutistischen Raum durch Lefèbvre eine weitere Differenzierung. Gleichzeitig eröffnet der Blick auf Lefèbvres Einfluss auf die SI auch eine weitere Möglichkeit der Differenzierung des situationistischen Verständnisses von Raum.

3.6. *La Production de l'Espace*: Henri Lefèbvre und die SI

3.6.1. Henri Lefèbvre und die SI

Die Geschichte der Beziehung des französischen Philosophen und Soziologen Henri Lefèbvres mit der SI ist eine schwierige. Bis zu

---

[197] McDonough (2002), 260.
[198] De Certeau (1988), 16.
[199] De Certeau (1988), 190.

seinem Ausschluss aus er Kommunistischen Partei Frankreichs 1958, den Lefèbvre selbst durch seine oppositionelle Haltung innerhalb der Partei förderte, "he was widely regarded as the Party's leading philosopher."[200] Nach 28 Jahren der Parteimitgliedschaft "Lefèbvre did not leave the party by the right door but by the left"[201] und richtet daraufhin sein Interesse auf die Soziologie des alltäglichen Lebens, insbesondere auf das Leben in der Stadt. In diesen Jahren beginnt der intensive Kontakt zur SI, der ungefähr fünf Jahre anhält. Der Anfangspunkt dieses Kontakts reicht allerdings bis in die Zeit der Gründung von COBRA zurück, in der Lefèbvre den holländischen Architekten Constant kennenlernt und dessen Grundgedanke, die Architektur könne eine Transformation des alltäglichen Lebens hervorbringen, die Entstehung von Lefèbvres *Critique de la Vie Quotidienne*[202] stark beeinflusste: "to create an architecture that would itself instigate the creation of new situations."[203]

Ein gegenseitiger Ideenaustausch lässt sich beispielsweise auch zwischen Lefèbvres Theorie der 'Momente' und dem situationistischen Konzept der Konstruktion einer Situation beobachten. In einem Interview Lefèbvres mit Kristin Ross beschreibt Lefèbvre den Zusammenhang beider Ideen wie folgt:

> [T]hat was the basis of our understanding. They more or less said to me during discussions [...] "What you call 'moments' we call 'situations', but we are taking it farther than you. You accept as 'Moments' everything that has occurred in the course of history. Love poetry, thought. We want to create new moments."[204]

Diese Konstruktion einer Situation knüpft für Lefèbvre an die Praktik des *dérive* an: "Their idea was that in the city one could create new situations by, for example linking up parts of the city that were separated spatially."[205] Die 'Theorie des Moments' wie auch die 'Konstruktion einer Situation' sind beide in den "Lebensertrag der

---

[200] Harvey, David (1996): "Afterword." In: Lefèbvre (1996), 427.
[201] Harvey (1996), 428.
[202] Lefèbvre, Henri (1977): *Kritik des Alltagslebens*. [**orig.: 1962**] Kronberg/Ts.
[203] Ross, Kristin (2002): "Lefèbvre on the Situationists: An Interview." [**orig.: 1997**] In: McDonough, Tom (Hg.): *Guy Debord and the Situationist International: Texts and Documents*. Cambridge, Massachusetts, 269.
[204] Ross (2002), 271.
[205] Ross (2002), 272.

Alltäglichkeit" eingegliedert. So schreibt Lefèbvre: "Die Theorie der Momente liegt also nicht außerhalb der Alltäglichkeit, sie würde sich dagegen in sie eingliedern, indem sie sich mit der Kritik verbindet, um ihr das beizubringen, was ihr an Reichtum fehlt."[206] Während beide Konzepte in ihrer Positionierung im Alltagsleben übereinstimmen, unterscheiden sie sich in ihrer Konzeption insofern, als dass für Lefèbvre der Moment "vor allem zeitlicher Natur", wohingegen die "im Raum eng eingegliederte Situation ganz raumzeitlicher Art [ist]."[207] Die gegenseitige Beeinflussung von Lefèbvre und der SI zeigt sich beispielsweise darin, dass diese "spaciotemporality of the 'situation'"[208] für Lefèbvre ein grundlegendes Merkmal wurde, welches sich in seinen späteren Werken, die sich mit den Phänomenen der Verstädterung, wie *La Révolution Urbaine* (1970) und der Produktion von Raum, *La Production de l'Espace* (1974) auseinander setzen, wiederfindet.

Abgesehen von der gegenseitigen Inspiration ihrer Ideen und Konzepte bestand auch ein enger persönlicher Kontakt zwischen Lefèbvre und der SI. Dieser entwickelte sich vor allem während der Zeit, als Lefèbvre in den Jahren ab 1961 in Straßburg als Professor der Soziologie Marxismus unterrichtete. Der persönliche Kontakt entstand über Lefèbvres Frau Nicole, selbst Studentin, die sozusagen das Bindeglied zwischen Debord, Khayati und Lefèbvre darstellte.[209] Lefèbvre charakterisiert in dem Interview mit Kristin Ross die Beziehung zur SI als ein Amalgam aus ihrer gemeinsamen Ablehnung gegenwärtigen politischer und gesellschaftlicher Strukturen und einer persönlichen, freundschaftlichen Bindung: "After all, there's the political context in France, and there are also personal relations, very complicated stories."[210]

Die Unstimmigkeiten waren vorprogrammiert, besonders deshalb, da sich die SI als revolutionäre Bewegung verstand, deren Verweigerung bürgerlichen Norm- und Wertvorstellungen sich natürlich auch gegen den Status des Intellektuellen, des Akademikers, den

---

206	Lefèbvre zitiert in: "Die Theorie der Momente und die Konstruktion von Situationen." (*SI, Nr. 4*, 1960), 125.
207	"Die Theorie der Momente und die Konstruktion von Situationen." (*SI, Nr. 4*, 1960), 126.
208	Harvey (1996), 430.
209	Vgl. Ross (2002), 273.
210	Ross (2002), 277.

Lefèbvre als Professor der Soziologie verkörperte, richtete. Für die SI gingen damit auch Lefèbvres theoretische Analysen der Gesellschaft, des Alltags und der Stadt nicht weit genug. Ihr ging es darum, die Welt zu verändern, d.h. nach praktischen Strategien einer Veränderung des alltäglichen Lebens zu suchen. "Die Leidenschaften sind oft genug interpretiert worden - es kommt darauf an, neue zu finden."[211] Die Verweigerung der SI, sich den bürgerlichen Strukturen der Gesellschaft zu beugen und die Divergenz des Umgangs mit theoretischen Konzepten von Lefèbvre und der SI spiegeln sich auch in dem bereits in Kapitel 2 thematisierten Ereignis wider, bei welchem Debord seine Kritik an Lefèbvres theoretischen, von der Regierung geförderten Forschungen ausdrückte, indem er "die Perspektiven der bewussten Änderung des alltäg-lichen Lebens" auf einem Tonband vorlas, welches er statt persönlich zu erscheinen der Forschungsgruppe schickte.[212]

Zu einem endgültigen und durchaus unschönen Bruch zwischen Lefèbvre und der SI kam es im Februar 1963 als die SI die Schrift "In die Mülleimer der Geschichte" herausbrachte. In der *SI Nr. 9* kann man über die Veröffentlichung dieses Dokumentes folgendes lesen:

> In diesem Dokument ist der situationistische Text "Über die Kommune" sowie dessen verwässerte Kopie zu lesen, die Henri Lefèbvre heimtückisch in der letzten Nummer von *Arguments* unter seinem Namen veröffentlicht hat, womit er diesen Faschingszug der Fälschung des modernen Gedankens, dessen reinster Ausdruck in Frankreich *Arguments* gewesen ist, hervorragend mit seinem Namenszug versah.[213]

1965 veröffentlichte Lefèbvres *La Proclamation de la Commune* (1965) in der er ebenfalls Teile des wohl ursprünglich gemeinsam verfassten Textes über die Pariser Kommune verwendete.[214] Auch diese Veröffentlichung Lefèbvres wurde in der *SI Nr. 10* polemisch diskutiert. Damit war das Kapitel des Kontaktes zwischen der SI und Lefèbvre abgeschlossen und es stellte sich kein weiterer Kontakt her. Widersprüchlich erscheint in diesem Zusammenhang jedoch, dass die SI, die das Plagiat selbst als wirksames Mittel in ihrem Kampf gegen das Spektakel einsetzte, in Bezug auf die Veröffentlichungen

---

[211] Debord (1995c), 44.
[212] Vgl. *SI Nr. 6* (1961), 234.
[213] "Die längsten Monate" (*SI Nr. 9*,1964), 119.
[214] Vgl. Ross (2002), 277.

Lefèbvres plötzlich zu Verfechtern der Originalität wurde und Lefèbvre beschuldigte, ihre Ideen 'geklaut' zu haben.

3.6.2. La Production de l'Espace

Die SI und auch Lefèbvre sahen das *quartier* als "the essential unit of social life."[215] In dieser Mikroeinheit vollzog sich das, was Lefèbvre als die Praktik des 'inhabiting' bezeichnete.[216] Ähnlich wie Debord in seinen psychogeographischen Karten die Stadt in einzelne Fragmente zerlegt und somit den Schein einer Einheit entlarvt, geht auch Lefèbvres Raumkonzept von einer Fragmentierung des Raums aus. Lefèbvre beschreibt in seinem 1974 erstmals veröffentlichen Buch *La Production de l'Espace*, dass "Einheitlichkeit und Fragmentierung zwei Aspekte ein und desselben Prozesses sind."[217] Der Titel des Buches impliziert bereits die Vorstellung, Raum sei nicht etwas festgeschriebenes, statisches, sondern impliziere gleichzeitig den *"act of producing"*[218], die Praktik der Herstellung von Raum.

> The spatial practice of a society secretes that society's space; it propounds and presupposes it in a dialectical interaction; it produces it slowly as it masters and appropriates it. [...] What is spatial practice under neocapitalism? It embodies a close association, within perceived space, between daily reality (daily routine) and urban reality (the routes and networks which link up the places set aside for work, 'private' life and leisure). This association is paradox because it includes in the most paradox separation between the places it links together.[219]

Dieses Zitat verdeutlicht gleich mehrere Aspekte von Lefèbvres Raumtheorie, die im Folgenden näher betrachtet werden sollen. Lefèbvre unterscheidet zwischen dem gesellschaftlichem Raum und der räumlichen Praktik einer Gesellschaft. Die räumliche Praktik, so Lefèbvre, zeichnet sich dadurch aus, dass sie Raum überhaupt erst produziert ("it propounds"). Gleichzeitig vollzieht sich diese Praktik in einem bereits vorgegebenen gesellschaftlichen Raum ("it presupposes"). Einerseits konstituiert und strukturiert Handlung im Raum

---

[215] McDonough (2002), 252.
[216] Vgl. McDonough (2002), 253.
[217] Löw (2001), 109.
[218] Lefèbvre (1996), 15; Hervorhebung des Autors.
[219] Lefèbvre (1996), 38.

diesen überhaupt erst, andererseits setzt Handlung im Raum diesen als gegeben voraus. Wenn der Vorgang der Handlung im Raum jedoch gleich-zeitig diesen Raum verbirgt ("secretes"), dann weist Lefèbvre auch auf ein zweites Paradox hin: Die alltäglichen Praktiken, die diesen Raum konstituieren ("daily reality"), vollziehen sich gleichzeitig in strukturierten Bahnen ("urban reality").

Dieses Paradox beschreibt Löw auf ähnliche Weise durch die Verwendung des Begriffs der "Anordnung" mit einer speziellen Schreibweise:

> Durch den Begriff der "(An)Ordnung" mit der hier gewählten Schreibweise wird betont, daß Räumen sowohl einen Ordnungsdimension, die auf gesellschaftliche Strukturen verweist, als auch eine Handlungsdimension, das heißt der Prozeß des Anordnens, innewohnt.[220]

Der Begriff der (An)Ordnung des Raums zeigt zum einen die sich in ihm vollziehenden Praktiken, das heißt, die Handlungen, die den Raum erst konstituieren und zum anderen die gesellschaftlichen Strukturen, innerhalb derer die Handlung im Raum angeordnet ist. So erhält ein öffentlicher Platz dadurch erst seine Bedeutung, dass sich auf ihm Menschen treffen. Andererseits ist das Zusammentreffen der Menschen nur möglich, wenn ein Raum existiert, in dem dieses Zusammentreffen stattfinden kann. Martina Löw folgert daraus:

> Die Dualität von Handeln und Struktur stellt sich damit auch als die Dualität von Raum heraus. Das bedeutet, daß räumliche Strukturen eine Form von Handeln hervorbringen, welches in der Konstitution von Räumen eben jene räumlichen Strukturen reproduziert.[221]

Die strukturierten Bahnen, von denen Lefèbvre spricht, "the routes and networks which link up the places set aside", beziehen sich wiederum auf den Aspekt der Fragmentierung und gleichzeitig auf den Vereinheitlichung. Mit der Frage "What is spatial practice under neocapitalism?" erörtert Lefèbvre die Vorstellung einer übergeordneten Macht, die sowohl die alltäglichen Handlungen, die den Raum produzieren, wie auch die Strukturen, welche das alltägliche Handeln lenken, bestimmt. Wenn Lefèbvre jedoch von der "spacial practice" als einer Praktik, die den Raum verbirgt ("secretes"),

---

[220] Löw (2001), 131.
[221] Löw (2001), 172.

spricht, so verweist er damit einerseits auf den Charakter des öffentlichen Raums, der sich aus einem "set of institutional and ideological superstructures" zusammensetzt, andererseits diese Strukturen jedoch gleichzeitig unter der "outward appearance of neutrality [...] of emptiness (or absence)"[222] verdeckt.

Die übergeordnete ideologische Struktur des Kapitalismus basiere, so Lefèbvre, mit seiner "division of labour" und mit der "division of needs and functions"[223] auf einer Trennung von Orten. "Space", schreibt Lefèbvre, "is fragmented and fractured, in accordance with the demands of the division of labor."[224] Gleichzeitig werden durch die institutionalisierten Strukturen, den "homogenizing character"[225] des Staates, diese Fragmente vereinheitlicht. Das Getrennte erscheint durch die staatliche Kontrolle homogen. So schreibt Löw über Lefèbvres Verständnis von Raum, "[d]er Staat reproduziere über die Kontrolle des Raums Herrschaftsbedingungen, indem er durch räumliche Teilung und Ghettoisierung eine Hierarchie aufbaue."[226]

In diesem Sinne formuliert Lefèbvre - wenn auch nicht so explizit - was Foucault in dem Interview "The Eye of Power" beschreibt:

> A whole history remains to be written of spaces - which would at the same time be the history of powers (both terms in the plural) - from the great strategies of geopolitics to the little tactics of the habitat, institutional architecture from the classroom to the design of hospitals passing via economic and political installations.[227]

Die Erkenntnis, Architektur "becomes a question of using the disposition of space for economic-political ends"[228], in der sich damit Machtstrukturen manifestieren, ist ebenfalls Grundlage der Kritik des Urbanismus durch die SI. Im "Elementarprogramm des Büros für einen unitären Urbanismus" schreiben Attila Kotanyi und Raoul Vaneigem:

---

[222] Lefèbvre (1996), 349.
[223] Lefèbvre (1996), 355.
[224] Lefèbvre (1996), 355.
[225] Lefèbvre (1996), 355.
[226] Löw (2001), 109.
[227] Foucault (1980) zitiert in Löw (2001), 164.
[228] Foucault (1980), 147.

> Das Spektakel wird in der Wohnung und im Standortswechsel sichtbar (Standard von Wohngebäuden und Privatautos). Denn in Wirklichkeit bewohnt man nicht ein Stadtviertel, sondern die Macht. Man wohnt irgendwo in der Hierarchie.[229]

Hier scheinen sich Lefèbvres Vorstellung der Konstitution von Raum mit Aspekten von Debords Spektakel-Begriff zu überlagern, denn beide haben eine ähnliche Auffassung der Relation von Fragment und Einheit. Wenn für Lefèbvre in *La Production de l'Espace* die "Konstruktion eines einheitlichen Raumes nur darüber zu erhalten [ist], daß die einzelnen Teile homogenisiert und zusammengefügt werden,"[230] basiert Debords Vorstellung des Ursprungs des Spektakels im "Verlust der Einheit der Welt," in dem

> [d]as Spektakel nur die gemeinschaftliche Sprache dieser Trennung [ist]. Was die Zuschauer miteinander verbindet, ist nur ein irreversibles Verhältnis zum Zentrum selbst, das ihre Vereinzelung aufrecht erhält. Das Spektakel vereinigt das Getrennte, aber nur als *Getrenntes*.[231]

Die Auffassung des Raums als ein homogen erscheinendes Ganzes, das aber aus einzelnen heterogenen Fragmenten besteht, erinnert an die in Kapitel 3.4. erörterten psychogeographischen Karten Debords. *The Naked City* ist eine ambivalente Darstellung dieses Prozesses der Fragmentierung, die die einzelnen *quartiers*, welche unterschiedliche psychogeographische Stimmungen besitzen, in ihrer 'unity of atmosphere' hervorhebt. Gleichzeitig kritisiert *The Naked City* aber auch durch das Aufzeigen unterschiedlicher Strukturierungsmöglichkeiten in Form der roten Pfeile das als absolut und homogen vermittelte Stadtbild der Stadtpläne, wie des *Plan de Paris*.

> Debord's map images a fragmented city that is both the result of multiple restructuring of capitalist societies, and the very form of its critique. [...] In its very form [*The Naked City*] contests a dominant construction of urban space as homogeneous, appropriating pieces of the *Plan de Paris* and making them speak of the radical discontinuities and divisions of the public realm.[232]

---

[229] "Elementarprogramm des Büros für einen unitären Urbanismus." (*SI Nr. 6*, 1961), 223.

[230] Löw (2001), 110.

[231] Debord (1996), These 29, 25; Hervorhebung des Autors.

[232] McDonough (2002), 253.

Durch die Praktik des *dérive* war es den Situationisten möglich, diese einzelnen psychogeographischen Stimmungen zu bestimmen und damit gleichzeitig auf die Widersprüche und Verschiedenheiten des Stadtbildes, die durch den homogenisierenden Schein des Spektakels negiert wurden, aufmerksam zu machen.

In der Untersuchung der Beziehung des Fragmentes zu einer homogenen Einheit muss allerdings abschließend noch ein wichtiger Gedanke Martina Löws angeführt werden. Löw schreibt: "Solange man sich in der sozialwissenschaftlichen Analyse mit der Zerstückelung oder Fragmentierung von Raum beschäftigt, so lange reproduziert man gleichzeitig die Vorstellung vom an sich einheitlichen Raum."[233] Der Prozess der Fragmentierung, den sie bei Lefèbvre herausstellt, sei an sich noch nichts Neues. "Neu ist vielmehr eine Bezugnahme auf Raum im Sinne immer schneller werdender Verknüpfungen einzelner Räume, so dass die Vorstellung, im einheitlichen homogenen zu leben, allein nicht mehr ausreichend sinnstiftend ist."[234] Löw schließt aus dieser Überlegung, "daß einfache Modelle größer und kleiner werdender Einheiten nicht mehr greifen, da mehrere Ebenen gleichzeitig betrachtet werden müssen."[235] Debord widersetzt sich einerseits mit seinen psychogeographischen Karten der Illusion einer Einheit und hebt die Heterogenität der einzelnen Fragmente hervor. Anderseits könnte man die Karten insofern kritisieren, als dass sie immer noch auf einer Vorstellung von Mikroeinheiten, den *quartiers*, basieren. Allerdings scheint gerade der Gedanke der verschiedenen Relationen, in denen die einzelnen Elemente zueinander in Beziehung gesetzt werden können, als eine sehr anschauliche Umsetzung der Gedanken Löws. Denn damit stellen Debords psychogeographische Karten gleichzeitig einen Vorgang dar, "in dem über Relationen vielfältig verknüpfte Elemente immer neue und sich gegenseitig überlappende Räume bilden."[236]

In diesem Zusammenhang lässt sich eine weitere Parallele zu Lefèbvres *La Production de l'Espace* herstellen. Die Grundlage der Produktion von Raum - und in diesem Kontext verweist Lefèbvre hier auf die Möglichkeiten des Widerstands, der Veränderung von kapitalistischen Raum - ist für Lefèbvre das Wissen um den Raum:

---

[233] Löw (2001), 111.
[234] Löw (2001), 111.
[235] Löw (2001), 111.
[236] Löw (2001), 111.

"[K]nowledge [...] of spaces [...] offers an exposition of the *production of space*."[237] Weiter führt Lefèbvre den Gedanken aus: "[W]hat is called for is a knowledge (*conaissance*) for which the critical moment - i.e. the critique of established knowledge (*savoir*) - is the essential thing. Knowledge of space so understood implies the critique of space."[238] Überträgt man diese Unterscheidung Lefèbvres zwischen *connaissance* und *savoir* auf die SI, so wird deutlich, dass das Umherschweifen in der Stadt, welches das Wissen um die Stadt im Sinne von "connaissance" ermöglicht, als Bedingung für eine Kritik des Urbanismus, des erlangten Wissens über die Stadt (savoir) gesehen werden muss.

Während auf der einen Seite das *dérive* "does not possess a space of its own, but takes place in a space that is imposed by capitalism in the form of urban planning"[239], ist auf der anderen Seite das Umherschweifen in Bezug auf die von Lefèbvre angeführte These, die Kritik des Raums ergebe sich aus dessen Kenntnis, auch eine subversive Praktik, "an attempt to change the meaning of the city through changing the way it was inhabited."[240] Damit ermöglicht das Umherschweifen die Formulierung einer lebendigen Kritik in Form des unitären Urbanismus, die sich in der "Errichtung von Stützpunkten für ein experimentelles Leben"[241] und somit der Konstruktion von Situationen weiter fortsetzt.

Somit lässt sich die in Kapitel 3.4 geäußerte Aussage, dem Umherschweifen läge ein absolutistisches Raumkonzept zugrunde, revidieren: In Bezug auf Martina Löws Ausdifferenzierung des absolutistischen Raumkonzeptes hin zu einem relativistischen indem sie "Raum als eine relationale (An)Ordnung von Körpern, welche unaufhörlich in Bewegung sind" und "wodurch sich diese (An)Ordnung selbst ständig verändert", definiert, lässt sich das *dérive* in Form einer (An)Ordnung als eine soziale Praktik verstehen, "die auf gesellschaftliche Strukturen verweist" und gleichzeitig auch als "ein Prozeß des Anordnens"[242] verstanden werden muss.

---

[237] Lefèbvre (1996), 404; Hervorhebung des Autors.
[238] Lefèbvre (1996), 405.
[239] McDonough (2002), 259.
[240] McDonough (2002), 262.
[241] "Elementarprogramm des Büros für einen Unitären Urbanismus" (*SI Nr. 6*, 1961), 224.
[242] Löw (2001), 131.

3.7. Alltag, Widerstand und öffentlicher Raum:

Die Feststellung, dass Raum nicht als statisch und als unabhängig von seinen Handlungskontexten gesehen werden kann, eröffnet nun die Frage, welche Möglichkeit des Widerstandes durch die Nutzung von bereits bestehendem oder die Erschaffung von neuem Raum besteht:

> [W]hile abstract space homogenizes differences, it simultaneously reproduces them. Lefèbvre's account of this contradiction is compelling: while capitalist space tends toward the elimination of differences, it does not succeed in its homogenizing quest. [...] As abstract space imposes itself on the social space of everyday life, a multitude of differences appear. "What is different," writes Lefèbvre, "is, to begin with, what is *excluded* [...]."[243]

Die "spatial organization" der Stadt, ihre räumlichen Strukturen reproduzieren also gesellschaftliche Machtverhältnisse und lassen diese unter dem Schein der Homogenität als unveränderlich erscheinen. Damit rekurriert Lefèbvre auf die physische, die materielle Organisation von Raum, in Form der Städteplanung, Design oder Architektur. Gleichzeitig vollziehen sich im öffentlichen Raum jedoch immer auch soziale Strukturen. Obwohl öffentlicher Raum sowohl soziale Strukturen wie auch Machtstrukturen reproduziert, sind diese sozialen Strukturen grundverschieden von der "spatial organization" des Kapitalismus und der staatlichen Kontrolle.

> The spread of abstract space continuously heightens the contradiction between the production of space for profit and control - abstract space - and the use of space for social reproduction - the space of everyday life, which is created by but also escapes the generalizations of exchange and technocratic specialization. Abstract space represents, then, the *unstable* subordination of social space by a centralized space of power.[244]

Wenn die sozialen Strukturen vielfältig und instabil ("*unstable*") sind und nicht den zentralisierten, homogenen Strukturen der Macht entsprechen, die sozialen wie auch die Machtstrukturen aber im öffentlichen, urbanen Raum angeordnet sind, so enthalten diese sozia-

---

[243] Deutsche, Rosalyn (1996): *Evictions. Art and Spatial Politics.* Cambridge, Massachusetts, 76; Hervorhebung der Autorin.
[244] Deutsche (1996), 76; Hervorhebung der Autorin.

len Strukturen die Möglichkeit, ein Moment des Chaos, der Unregelmäßigkeit in die Ordnung des Raums zu bringen.

An diesem Punkt soll Martina Löws beschriebene Wechselwirkung, bzw. Dualität von Raum noch einmal thematisiert werden. Die räumliche Struktur, so Löw, antizipiere eine bestimmte Art der Handlung, welche gleichzeitig den (vorgegebenen) Raum reproduziere.[245] Die Reproduktion räumlicher Strukturen und die sich darin manifestierenden Machtverhältnisse erfolgen damit durch den repetitiven Gebrauch von Raum, die alltägliche Handlung im Raum. Wenn diese vielfältigen sozialen Strukturen, die ebenfalls durch ihren repetitiven Gebrauch reproduziert werden, also nicht mit den Strukturen der Macht identisch sind, so erscheint hier eine Möglichkeit der Intervention in diese Struk-turen der Macht. Michel de Certeau spricht in diesem Zusammenhang von einer "Politisierung der Alltagspraktiken"[246] und geht damit von der These aus, "daß die Umgangsweisen mit dem Raum tatsächlich die determinierende Bedingungen des gesellschaftlichen Lebens bestimmen."[247]

Diese Überlegung knüpf an die Definition des Alltags von Lefèbvre als "lived experience"[248] an. Das Alltagsleben bietet für Lefèbvre eine Möglichkeit des Widerstandes, weil es sich nicht innerhalb der organisierten Praktiken der Politik und der Ökonomie ansiedeln lässt und - im Gegensatz zur spezialisierten, künstlerischen Aktivität - das Leben in seiner Ganzheit erfahrbar macht: "Everyday life is profoundly related to all activities, and encompasses with them all their differences and their conflicts."[249]

In seiner erstmals 1970 veröffentlichten Studie *La Révolution Urbaine* beschreibt Lefèbvre die Manifestation von Machtkonstellationen innerhalb des urbanen Raums und betrachtet diese als ein Hindernis im Hinblick auf die Dynamik des Raums: "Er [der städtische Raum] ist in feste, abgestufte, hierarchisierte Strukturen eingezwängt, Gebäude in der Gesamtheit der Stadt, die von den sichtbaren oder unsichtbaren Grenzen der Erlässe und Verwaltungsverordnungen um-

---

[245] Löw (2001), 172.
[246] De Certeau (1988), 21.
[247] De Certeau (1988), 187.
[248] Lefèbvre, Henri (1987): "The Everyday and Everydayness." In: *Yale French Studies* (73) 11.
[249] Lefèbvre zitiert in Poster (2002), 745.

schlossen ist."[250] Deshalb, so Lefèbvre, sind die alltäglichen Handlungen um so bedeutender, als dass sie ein Mittel darstellen, den Zerfall der Stadt, ihre "Leere" und das "Aktions-Nichts" aufzuhalten.

Michel de Certeau unterscheidet in diesem Kontext zwischen zwei Handlungsarten im Raum, die er als Taktik und Strategie gegenüberstellt. Die Taktik, so de Certeau, zeichne sich dadurch aus, dass sie sich innerhalb eines Ortes vollzieht, der nicht ihr eigener ist:

> Die Taktik hat nur den Ort des Anderen. Sie dringt teilweise in ihn ein, ohne ihn vollständig erfassen zu können [...]. Sie verfügt über keine Basis wo sie ihre Gewinne kapitalisieren, ihre Expansion vorbereiten, wo und sich Unabhängigkeit gegenüber den Umständen bewahren kann.[251]

Der Taktik entgegengesetzt besitze die Strategie einen eigenen Ort, der als "Basis für die Organisierung seiner Beziehungen zu einer bestimmten Außenwelt [...] dienen kann."[252] Überträgt man diese Unterscheidungen auf die subversiven Praktiken der SI, so lässt sich die These formulieren, dass das *détournement* wie auch das *dérive* sich in erster Linie eines Ortes bedienen, der nicht ihr eigener ist, während - wie Kapitel 5 im Folgenden näher betrachten wird - die Konstruktion einer Situation das Ziel hat, so ge-nannte "Stützpunkte" oder von der Okkupation des Feindes befreite "positive Löcher"[253] zu errichten.

Eine weitere Anwendung von de Certeaus Unterscheidung von Taktik und Strategie auf die Praktiken der SI lässt sich im Hinblick auf die Perspektive auf den urbanen Raum herstellen. De Certeau betont in diesem Kontext, dass die Taktik keinen eigenen Ort besäße und sie damit auch keine Möglichkeit einer "Rückzugsposition, wo sie Vorausschau üben und sich sammeln kann,"[254] besitze. Weiter schreibt er: "Sie [die Taktik] hat also nicht die Möglichkeit, sich einen Gesamtüberblick zu verschaffen und den Gegner in einem abgetrennten, überschaubaren und objektivierbaren Raum zu erfassen." Während de Certeau hier das Fehlen eines eigenen Raums und damit auch den eines "Gesamtüberblicks" als Mangel heraus-

---

250   Lefèbvre (1990), 140.
251   De Certeau (1988), 23.
252   De Certeau (1988), 23.
253   "Elementarprogramm des Büros für einen Unitären Urbanismus." (*SI Nr. 6*, 1961), 224.
254   De Certeau (1988), 89.

stellt, unterstreicht Lefèbvre gerade diese beiden Aspekte als einen positiven Vorgang der Mobilisierung: Was zur Veränderung von gesellschaftlichen Verhältnissen gebraucht wird, ist

> eine vollständige Mobilisierung - nicht der Bevölkerung - sondern des Raums [...]. Jeder Ort muss multifunktionell, polyvalent, transfunktionell, mit unablässigem 'turnover' der Funktionen werden; Gruppen müssen die Räume beschlagnahmen, um expressive Handlungen und Konstruktionen zu vollbringen [...].[255]

Diese Mobilität, so stellt wiederum de Certeau fest, ist jedoch immer abhängig von günstigen Momenten, "um im Fluge die Möglichkeiten zu ergreifen, die der Augenblick bietet."[256] Dem entgegen zeichnet sich die Strategie durch die Möglichkeit des Überblickens und auch Überwachens aus, die de Certeau auch als *"panoptische Praktik*, ausgehend von einem Ort, von dem aus der Blick die fremden Kräfte in Objekt verwandelt,"[257] bezeichnet. Kapitel 4.6 der vorliegenden Arbeit wird sich in Kontext des Spektakel-Begriffes Debords ausführlicher mit Michel Foucaults Ausführungen über das Benthamsche Modell des Panoptikums im Hinblick auf die Strukturierung von Macht und der Bedeutung des Blickes auseinander setzen.

Mit der Unterteilung von eigenem und fremdem Raum ist de Certeaus Beschrei-bung von Taktik und Strategie gleichzeitig auch eine Einteilung in machtvolle und machtlose Handlungen: "Ohne eigenen Ort, ohne Gesamtübersicht, blind und scharfsinnig wie im direkten Handgemenge, abhängig von momentanen Zufällen, wird die Taktik durch das *Fehlen von Macht* bestimmt, während die Strategie durch eine Macht organisiert wird."[258] Dabei spielt der Blick eine maßgebliche Rolle, so dass man der Unterteilung eigener und fremder Raum den Gegensatz zwischen Gesamtüberblick und fragmentarischem Blick hinzufügen kann.

In Bezug auf die Praktiken des *détournement* und des *dérive* der SI sowie der künstlerischen Gestaltung der psychogeographischen Karten Debords lässt sich soweit feststellen, dass es sich hierbei um eine Fragmentierung des Blickes handelt, bei der ein subjektivierter Blick die Wahrnehmung von Raum strukturiert. Indem dieser Blick

---

[255] Lefèbvre (1990), 140f.
[256] De Certeau (1988), 89.
[257] De Certeau (1988), 88; Hervorhebung des Autors.
[258] De Certeau (1988), 90; Hervorhebung des Autors.

eine Welt wahrnimmt, die nicht länger als ein einheitliches Ganzes erscheint, macht er Widersprüche und Heterogenitäten eines urbanen Raums sichtbar.

> Vom Standpunkt der Ordnung liegt die Rolle der Kunst im zeigen und Fixieren, im identifizieren und in der Fabrikation von Monumenten. Für Baudelaire und mehr noch für Rimbaud ein wenig später, ist die Kunst Fluchtpunkt oder Fluchtlinie, eine in die panoptische Struktur der Gesellschaft gehauene Bresche. [...] So gesehen wäre das Umherschweifen [...] die auf ein reines Mobilitätsprinzip reduzierte Kunst, die es ermöglicht, sich dem Blick des Anderen zu entziehen, und im Gegensatz zum Monumentalen steht. Das Umherschweifen ist die Kunst ohne Werke. Mit ihm realisiert sich der alte Traum der Avantgarde, die Kunst auf die Straße zu bringen, sie in die Stadt, ins Leben eingehen zu lasen.[259]

Das folgende Kapitel soll nun an diesem Punkt anknüpfen, indem es die bisherigen Praktiken der SI um eine genaue Betrachtung der Konstruktion von Situationen ergänzt und diese zudem hinsichtlich der in diesem Kapitel gewonnenen Erkenntnisse der Wahrnehmung von Raum analysiert.

---

[259] Kaufmann, (2003), 27.

4. Theatralität und die Konstruktion von Situationen

4.1. Die Konstruktion von Situationen

4.1.1. "Rapport über die Konstruktion von Situationen"

Der von Guy Debord zur Gründungskonferenz der SI 1957 vorgelegte Rapport, mit vollem Titel: "Rapport über die Konstruktion von Situationen und die Organisations- und Aktionsbedingungen der internationalen situationistischen Tendenz", beginnt mit den Sätzen:

> Wir meinen zunächst, daß die Welt verändert werden muß. Wir wollen die größtmögliche emanzipatorische Veränderung der Gesellschaft und des Lebens, in die wir eingeschlossen sind. Wir wissen, daß es möglich ist, diese Veränderung mit geeigneten Aktionen durchzusetzten..[260]

Diese deutlichen Worte des Rapports geben bereits den Ton an, nach dem die SI in den folgenden 15 Jahren zu spielen versucht: Sie strebte nichts Minderes an als "die Veränderung der Gesellschaft und des Lebens." Das Operationsfeld, innerhalb dessen diese Revolution vollzogen werden sollte, wird im folgenden Absatz "auf dem Gebiet der Kultur und der Lebensweise"[261] angesiedelt. Kultur definiert Debord zum einen als die Widerspiegelung der "Organisationsmöglichkeiten des Lebens"[262] und zum anderen als "eine aus der Ästhetik, den Gefühlen und Lebensweisen zusammengesetzte Gesamtheit, die Reaktion einer Epoche auf das alltägliche Leben."[263] Daraus resultiert, dass eine 'geeignete Aktion' sich zwar auf der Ebene der Ästhetik vollziehen, gleichzeitig aber auch gegen die Organisationsformen der bestehenden Gesellschaft, deren Strukturen und Institutionen richten soll. Deshalb proklamiert Debord: "Das Ziel einer revolutionären Aktion kann nicht sein, das Leben wieder-

---

[260] Debord (1995c), 28.
[261] Debord (1995c), 28.
[262] Debord (1995c), 28.
[263] Debord (1995c), 29.

zugeben oder es zu erklären, sondern es zu erweitern. Überall muß das Unglück zurückgeschlagen werden."[264]

Wie sieht nun diese Erweiterung des Lebens aus? Im Unterkapitel des Rapports mit dem Titel "Unsere unmittelbaren Aufgaben" heißt es:

> Wir müssen [...] die Notwendigkeit verfechten, eine konsequente ideologische Aktion ins Auge zu fassen, um auf dem Gebiet der Leidenschaften gegen den Einfluß der Propagandamethoden des hochentwickelten Kapitalismus zu kämpfen: bei jeder Gelegenheit konkret dem Spiegelbild der kapitalistischen Lebensweise andere, wünschenswerte Lebensweisen entgegensetzen [...].[265]

Debord geht es mit der Konstruktion einer Situation, die er hier auch als "ideologische Aktion" bezeichnet, um eine bestimmte Lebensweise, die sich von der kapitalistischen unterscheidet. Diese neue Lebensweise soll in Form einer "ideologische[n] Aktion [...] auf dem Gebiet der Leidenschaften" umgesetzt werden. Hier scheint Debord jedoch etwas vage in seinen Formulierungen. Die ungenauen, auf Emotionen bezogenen Begriffe 'Leidenschaften', 'Begierden' und 'Stimmungen' werden mit politischen Schlagwörtern wie 'Ideologie', 'Kapitalismus' und 'Propaganda' zusammengewürfelt und heraus kommt die Definition der Situation als "der konkreten Konstruktion kurzfristiger Lebensumgebungen und ihrer Umgestaltung in eine höhere Qualität der Leidenschaft."[266] Denn als Produkt der Ausbeutung des Menschen in der kapitalistischen Gesellschaft, so Debord, sind falsche Leidenschaften entstanden, die es zu zerstören gilt. Durch die bewusste Schaffung konkreter Situationen gilt es damit, "neue Stimmungen [zu] konstruieren, die zugleich Produkt und Werkzeug neuer Verhaltensweisen sind."[267]

Debords Kritik der kapitalistischen Gesellschaft und später des Spektakels bezieht sich damit in erster Linie auf die (vage gehaltenen) Leidenschaften und (wenig definierten) 'falschen Begierden', die im Menschen geweckt werden. In These 68 von *La Société du Spectacle* stellt Debord "das im modernen Konsum aufgezwungenen Pseudobedürfnis" dem "echten Bedürfnis oder Begehren" gegen-

---

[264] Debord (1995c), 37.
[265] Debord (1995c), 43.
[266] Debord (1995c), 39.
[267] Debord (1995c), 38.

über.[268] Das Spektakel weckt Begierden, wie beispielsweise bestimmte Konsumwünsche, die es selbst produziert, denn "das Spektakel will es zu nichts bringen außer zu sich selbst."[269] Wenn Debord nun sagt, es müssen neue Begierden geschaffen werden, dann kritisiert er meines Erachtens lediglich die Produkte des Spektakels, also die falschen Begierden, nicht aber die Bedingungen, Zusammenhänge, die solch eine Produktion von Begierden überhaupt erst möglich machen. Vielmehr noch, Debord bedient sich eben dieses Verfahrens, indem er selbst neue Begierden schaffen will, die genauso wie die des Spektakels konstruiert werden. Im Prinzip kritisiert Debord also nicht das omnipräsente manipulierende System, die Methode des Spektakels, sondern lediglich dessen Auswirkungen, die er nur durch andere zu ersetzten sucht.

Wie wird nun eine Situation konstruiert? Im "Elementarprogramm des Büros für einen unitären Urbanismus" schreiben Raoul Vaneigem und Attila Kotanyi:

> Der ganze Raum ist besetzt vom Feind [...]. Der authentische Urbanismus erscheint in dem Augenblick, in dem gewisse Zonen dieser Besatzung entledigt werden. Hier fängt an, was wir Konstruktion nennen. Diese kann mithilfe des [...] Begriffs des 'positiven Lochs' verstanden werden. Die Freiheit zu materialisieren, heisst zuerst, dieser gezähmten Welt einige Parzellen ihrer Oberfläche zu entziehen.[270]

Diese 'positiven Löcher' sollen also von der herrschenden Gesellschaft befreite Leerstellen darstellen, in denen die Möglichkeit besteht, neue, subversive Realitäten zu konstruieren. Von diesen befreiten Zonen aus verspricht sich die SI eine "Invasion des gesamten Alltags."[271] Hier beginnen allerdings die Begriffe wieder zu verschwimmen: Während es zum einen um einen konkreten Raum geht, um den Kampf um ein Territorium, das besetzt, bzw. 'befreit' werden soll, stellt die konstruierte Situation gleichzeitig auch eine Befreiung des Alltags, d.h. der sozialen Praktiken dar, die das Alltagsleben kennzeichnen.

---

[268] Debord (1996),These 68, 55.
[269] Debord (1996),These 14, 18.
[270] "Elementarprogramm des Büros für einen Unitären Urbanismus." (*SI Nr. 6*, 1961), 225.
[271] "Elementarprogramm des Büros für einen Unitären Urbanismus." (*SI Nr. 6*, 1961), 225.

4.1.2. Situation und öffentlicher Raum

An diesem Punkt wird deutlich, dass die in Kapitel 3 untersuchten Praktiken im urbanen Raum untrennbar mit der konstruierten Situation zusammenhängen. In der "Amsterdamer Erklärung", einem internen Dokument der SI, das von Debord und dem Architekten Constant verfasst wurde, wird diese Verknüpfung deutlich:

> Die Konstruktion einer Situation ist der Aufbau einer vorübergehenden Microumgebung und eines Satzes von Ereignissen für einen einzigen Augenblick im Leben einiger Personen. Sie kann von der Konstruktion einer allgemeinen, relativ beständigeren Umgebung im unitären Urbanismus nicht getrennt werden.[272]

Somit kann man die Konstruktion einer Situation als "ein Experimentieren mit vollständigen Szenerien" verstehen, das den urbanen Raum und dessen Möglichkeiten der Veränderung in einen dynamischen Prozess des Ausprobierens einbindet und somit ein "Mittel" darstellt, "sich dem unitären Urbanismus zu nähern."[273] Die durch eine konstruierte Situation erprobte Veränderung des urbanen Raums dient sozusagen als ein Spiel mit der "kollektiven Kreativität", als dessen "Ergebnis" eine "Weiterentwicklung" und damit permanente Veränderung des Raums durch den unitären Urbanismus erfolgen soll. In diesem Sinne dienen auch das Umherschweifen wie die konstruierte Situation als eine soziale Praktik, mit deren Hilfe öffentlicher Raum durch ein "konstruktives Spielverhalten"[274] 'erobert' und verändert werden kann.

In diesem Zusammenhang soll ein kurzer Blick auf Richard Sennetts Studie *The Decline of Public Man*[275] und seine Analyse des modernen Lebens in der Großstadt geworfen werden. Sennett untersucht die Auswirkungen des Industriekapitalismus im Hinblick auf die Trennung von privatem und öffentlichem Leben und kommt unter anderem zu der These, dass mit zunehmender Industrialisierung eine

---

272 "Amsterdamer Erklärung." (*SI Nr. 2*, 1958), 72.
273 "Amsterdamer Erklärung." (*SI Nr. 2*, 1958), 72.
274 "Theorie des Umherschweifens" (*SI Nr. 2*, 1958), 58. Die Beschreibung der Situation als ein 'konstruktives Spielverhalten' kann an dieser Stelle noch nicht näher erläutert werden. Kapitel 4.1.7. wird sich jedoch eingehend mit diesem Aspekt beschäftigen.
275 Sennett, Richard (2000): *Verfall und Ende des öffentlichen Lebens. Die Tyrannei der Intimität.*.[**orig**.: **1974**] Frankfurt/Main.

"Tyrannei der Intimität"[276] entstanden sei. Im Zuge der Entwicklung der bourgeoisen Gesellschaft habe sich, so Sennett, eine Vermischung dieser beiden getrennten Sphären vollzogen bis hin zu dem "Bedürfnis, im gesellschaftlichen Umgang die eigene Persönlichkeit zu offenbaren und soziales Handeln daran zu messen, was es von der Persönlichkeit anderer zu erkennen gibt."[277] Als Weiterführung dieser These kommt Sennett in der Untersuchung des öffentlichen Raums zu der Feststellung, dass diese gegenseitige Selbstoffenbarung im gesellschaftlichen Leben durch eine soziale "Immobilität" gekennzeichnet ist und als Resultat dessen die Menschen immer mehr die Lust verlieren, gemeinsam zu handeln.[278] Daraus ergeben sich auch Folgen für den öffentlichen Raum. Die moderne Großstadt mit ihren Hochhäusern und breiten Straßenzügen wird immer mehr zu "etwas, das man durchquert, worin man sich aber nicht aufhält. [...] Mit anderen Worten, der öffentliche Raum wird zu einer Funktion der Fortbewegung."[279] Hier liegt eine wichtige Parallele zu der situationistischen Kritik an der modernen Städteplanung. "Der Verkehr", so schreibt die SI in ihrem "Elementarprogramm" 1961, "ist die Organisation der Isolation aller und insofern das Hauptproblem der modernen Städte. Er ist das Gegenteil der Begegnung [...]. Die unmöglich gewordene Beteiligung wird durch das Spektakel kompensiert."[280] In einer ähnlichen Überlegung kommt Sennett zu dem Schluss, dass der öffentliche Raum abstirbt und sinnentleert wird. "[D]er zu einer Funktion der Fortbewegung gewordene öffentliche Raum [verliert] seine unabhängige Erfahrungsqualität."[281]

Diese 'Funktionsverschiebung' des öffentlichen Raums kennzeichnet sich - trotz seiner ihn bevölkernden Menschenmassen - durch die Trennung des Einzelnen von anderen gesellschaftlichen Teilnehmern. Sennett kommt daraus resultierend zu der These:

---

[276] so lautet der Untertitel der deutschen Übersetzung. Sennett, Richard (2000): *Verfall und Ende des öffentlichen Lebens. Die Tyrannei der Intimität,*. Frankfurt/Main.
[277] Sennett (2000), 25.
[278] Vgl. Sennett (2000), 25.
[279] Sennett (2000), 29.
[280] "Elementarprogramm des Büros für einen Unitären Urbanismus." (*SI Nr. 6*, 1961), 223.
[281] Sennett (2000), 29.

Das öffentliche Leben wurde zu einer Sache des Beobachtens, der passiven Teilnahme, zu einer Art Voyeurismus. [...] Angesichts dieser Mauer des Schweigens gerät Erfahrung in der Öffentlichkeit zur bloßen Beobachtung - von Szenen, von anderen Männern und Frauen, von Schauplätzen. Erfahrung ist nicht länger Produkt von gesellschaftlichem Austausch.[282]

Liest man in diesem Kontext den Artikel "Eine andere Stadt für ein anderes Leben" in der dritten Ausgabe der *internationale situationniste*, so erscheint es fast, als würde die SI hier Sennett einen Ausweg aus diesem Zustand der Isolation und des passiven Betrachtens hin zu einer "dynamischen Lebensauffassung" bieten:

> Unser Betätigungsfeld ist also das Stadtnetz als natürliche Ausdrucksform einer kollektiven Kreativität, die imstande ist, die schöpferischen Kräfte zu umfassen, die sich gleichzeitig mit dem Verfall einer auf dem Individualismus beruhenden Kultur befreien.[283]

Die Konstruktion einer Situation knüpft also in dem Sinne an Sennetts These von Öffentlichkeit als bloßer Betrachtung an, indem sie versucht, "Stützpunkte für ein experimentelles Leben"[284] zu errichten. Damit geht es der SI mit der Konstruktion einer Situation um eine Wiederbelebung des abgestorbenen, öffentlichen Raums. Die situationistischen Praktiken im Raum, das Umherschweifen und die Psychogeographie lassen sich in diesem Kontext auch als einen Kampf um die Zurückeroberung der Stadt verstehen, als einen Raum der Erfahrung und nicht nur des bloßen Durchgangs, der Fortbewegung und des Betrachtens.

4.1.3. Die Gesellschaft des Spektakels

Der etymologische Ursprung des Wortes "Spektakel" liegt im Wort "Spektakulum" und meint 'das was betrachtet wird'. "Spektakulum" leitet sich aus dem Lateinischen "specere", sehen, ab.[285] Damit bezeichnet das Spektakel einen primär visuellen Vorgang, der das Betrachten impliziert. Im Französischen wird der Begriff "spectacle", der Anblick, synonym mit dem Begriff des Theaters verwendet. Die

---

[282] Sennett (2000), 46.
[283] "Eine andere Stadt für ein anderes Leben" (*SI, Nr. 3*, 1959), 113..
[284] "Elementarprogramm" (*SI Nr. 6*, 1961), 224.
[285] Vgl. Kluge, Friedrich (1989): *Etymologisches Wörterbuch der deutschen Sprache*. Berlin, 684f.

SI bzw. Debord bezeichnet jedoch mit Spektakel zunächst das "Selbstportrait der Macht in der Epoche ihrer totalitären Verwaltung der Existenzbedingungen"[286]. Wichtig ist hierbei, dass Debord das Spektakel, wie es zuerst vermutet werden könnte, nicht auf die Allgegen-wärtigkeit der Medien und der damit einhergehenden Verwischung der Grenzen von Realität und Wirklichkeit bezieht. Diese werden zwar durchaus von dem Spektakel als wichtiges Instrument benutzt, Debords Begriff des Spektakels bezieht sich jedoch viel genereller auf die allgemeinen Herrschaftsformen und Machtverhältnisse innerhalb einer Gesellschaft. Dazu schreibt Debord in These 5:

> Das Spektakel kann nicht als Übertreibung einer Welt des Schauens, als Produkt der Techniken der Massenverarbeitung von Bildern begriffen werden. Es ist vielmehr eine tatsächlich gewordene, ins Materielle übertragene Weltanschauung. Es ist eine Anschauung der Welt, die sich vergegenständlicht hat.[287]

In der "Welt des Schauens" ist die Bedeutung des Bildes zentral, denn das Bild, so Debord, dient dem Spektakel, um das durch die Wirtschaft beherrschte "gesellschaftliche Verhältnis zwischen Personen"[288] zu vermitteln. Immer wieder finden sich im Verlauf seiner 221 Thesen Referenzen auf Zuschauer, Betrachter eines Objektes oder Bildes. Debord beschreibt das Zuschauen als eine passive Tätigkeit, die den Menschen vom 'wirklichen Leben' abhält. Aktives Leben und passives Betrachten sind Gegensätze: "Die Äußerlichkeit des Spektakels im Verhältnis zum tätigen Menschen erscheint darin, daß seine eigenen Gesten nicht mehr ihm gehören, sondern einem anderen, der sie ihm vorführt."[289]

---

[286] Debord (1996), These 24, 22
[287] Debord (1996), These 5, 14.
[288] Debord (1996), These 4, 14.
[289] Debord (1996), These 30, 26. Hier sei noch mal auf Abb. 3 verwiesen. Der Untertitel des Bildes lautet: "Ich liebe meine Filmkamera, weil ich das Leben liebe, ich nehme die besten Momente des Lebens auf, ich lasse sie nach meinem Willen in ihrer ganzen Pracht wieder aufleben." (*SI*, Nr. 11, 308) Die zweckentfremdete Werbung der Filmkamera thematisiert meines Erachtens sehr treffend jene von Debord in These 30 ausgedrückten 'Äußerlichkeit des Spektakels.' Das Erlebnis von Realität erfolgt nicht unmittelbar, sondern durch das (passive) Betrachten und in der Erinnerung. Vgl. hierzu auch Levin (1989), 74f.

Die Entfremdung des Menschen in einer Gesellschaft des Spektakels wird also mit der Passivität des Zuschauens, eines bloßen Betrachtens einer sich präsentierenden Welt gleichgesetzt. "Die Gesellschaft, die auf der modernen Industrie beruht, ist nicht zufällig oder oberflächlich spektakulär, sie ist zutiefst *spektaklistisch*."[290] Der Mensch, so Debord, hat in der spektaklistischen Gesellschaft seine aktive Rolle verloren, er ist nicht mehr fähig, selbst zu handeln, sondern ist nur noch Zuschauer seines eigenen Lebens.

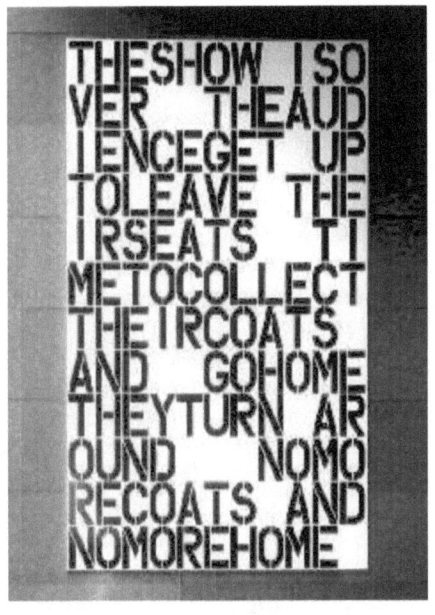

Die Entfremdung des Zuschauers zugunsten des angeschauten Objekts [...] drückt sich so aus: je mehr er zuschaut, um so weniger lebt er; je mehr er akzeptiert, sich in den herrschenden Bildern des Bedürfnisses wiederzuerkennen, desto weniger versteht er seine eigene Begierde. [...] Der Zuschauer fühlt sich daher nirgends zu Hause, denn das Spektakel ist überall.[291]

Das Spektakel ist allgegenwärtig und das Leben ist eine nicht enden wollende Vorstellung, in der der Einzelne zur Passivität des Betrachtens verdammt ist. Da das Spektakel überall ist, gibt es keinen Zufluchtspunkt, kein zu Hause mehr, wohin der Zuschauer nach Be-endigung der Vorstellung gehen kann. Gesellschaftliche Realität und deren Erfahrung ist einem Zustand der kollektiven Isolation des Betrachtens gewichen. (Abb. 5). [292]

Abb. 5: Wool, Christopher (1991): *Untitled*.

---

290 Debord (1996), These 14, 18; Hervorhebung des Autors.
291 Debord (1996), These 30, 26.
292 Der 'gemalte' Satz dieses Bildes ist ein Zitat des Situationisten Raoul Vaneigem, den Woole aus Greil Marcus popkultureller Studie *Lipstick Traces*

85

4.1.4. Theater in der Gesellschaft des Spektakels

In der ersten Ausgabe der *internationale situationniste* wird mit den Artikeln "Beitrag zur situationistischen Definition des Spiels" und "Vorbereitende Probleme zur Konstruktion einer Situation" Debords Rapport fortgeführt. Während im Rapport, wie bereits oben beschrieben, die Vorstellung einer konstruierten Situation noch sehr vage als die Schaffung einer neuen Lebensweise und mit dem Ziel des Erweckens neuer Leidenschaften und Begierden beschrieben wird, zeichnet sich hier nun eine konkretere Vorstellung der revolutionären Aktion ab: "Gegen alle rückläufigen Formen des Spiels, die seine Rückkehr zu einer infantilen, immer einer reaktionären Politik verbundenen Entwicklungsstufe darstellen, müssen wir die Experimentalformen eines revolutionären Spiels behaupten."[293] Diese 'Experimentalform' besitzt drei konstitutive Elemente: Einen Regisseur, der die vorbereitenden Maßnahmen trifft, die Situation erlebende Mit-wirkende und die Zuschauer, die "man *zur Handlung nötigen* sollte."[294] Hier bedient sich die SI einer theaterspezifischen Terminologie wie auch einer klassischen Theaterstruktur (mit der Unterteilung in Zuschauer, Schauspieler und Regisseur), um damit einen Vorgang zu beschreiben, der sich jedoch außerhalb des Theaterrahmens, im all-täglichen Leben vollziehen soll. Das Theater wird allerdings nur zur Beschreibung eines Zustandes benutzt, der überwunden werden soll. Die SI lehnt jegliche "Fortsetzung des Theaters"[295] ab. Die Spielauffassung, welche die SI hier negiert, ist also die des klassischen Theaters, in dem der Zuschauer die passive Rolle eines Betrachters einer fiktiven Handlung einnimmt.

> Es ist leicht zu sehen, wie sehr gerade das Prinzip des Spektakels - die Nichteinmischung - mit der Entfremdung der alten Welt verknüpft ist. [...] So ist die Situation dazu bestimmt, von ihren Konstrukteuren erlebt zu werden. In ihr soll die Rolle des - wenn nicht passiven, so doch zumindest

---

   entnommen   hat.   Vgl. http://carnegiemuseums.org/cmag/bk_issue/1998/novdec/feat6.htm 3.2.2004.

[293] "Vorbereitende Probleme zur Konstruktion einer Situation." (*SI Nr. 1*, 1958), 18.

[294] "Vorbereitende Probleme zur Konstruktion einer Situation." (*SI Nr. 1*, 1958), 17; Hervorhebung im Original.

[295] Vorbereitende Probleme zur Konstruktion einer Situation." (*SI Nr. 1*, 1958), 17.

als bloßer Statist anwesenden - 'Publikums" ständig kleiner werden, während der Anteil derer zunehmen wird, die zwar nicht Schauspieler, sondern in einem neuen Sinn des Wortes "Lebe-Männer" genannt werden können.[296]

Das Spektakel und das Theater beinhalten für die SI somit eine grundlegende Gemeinsamkeit: Die Isolation und das Getrenntsein des Individuums/Zuschauers von einem Ganzen. In diesem Kontext sei kurz auf eine frühe Filmaktion Guy Debords verwiesen, in der die Ansprüche einer konstruierten Situation, wenn auch im explizit künstlerischen Raum, sehr eindrucksvoll umgesetzt werden.

Der Text des Filmes *Hurlements en Favor de Sade* (1952) stammt aus ausschließlich 'zweckentfremdeten' Quellen, die von Gil Wolman, Serge Berna, Barabra Rosental und Guy Debord dialogisch, aber ohne Bezug zueinander, gesprochen wurden. Während diese Sätze gesprochen werden, ist die Leinwand weiß angestrahlt. Zwischen den gesprochenen Sequenzen existieren lange Pausen, in denen die Leinwand schwarz bleibt. Die längste Pause zwischen den Sequenzen beträgt 24 min bei einer gesamten Spielzeit von 90 Minuten.[297] "Stripped of all its 'chiseled' aspects in both the visual and the acoustic domains, the notorious *Hurlements* is a black and white Film *without images*."[298] Natürlich war der Skandal vorprogrammiert. So wurde der Film bei seiner ersten Vorführung in Paris im Juni 1952 kurz nach Beginn der Vorstellung vom Direktor des Filmbetriebes abgebrochen. Auch die Vorführung in London 1957 und 1960 sties auf Protest. "When the lights went up, there was an immediate babble of protest. People stood around and some made angry speeches."[299]

Roberto Ohrt kommt im Zusammenhang mit den eingespielten Textfragmenten zu folgender Interpretation:

> So führen die verschiedenen Blickpunkte des Textes durch eine Leere, die sich von der Unendlichkeit des interstellaren Raums bis zur Einsamkeit eines jeden erstreckt, ohne je den Autor zu erreichen. Der Bruch im Kontinuum ist mehr als

---

[296] Debord (1995c), 41.
[297] Vgl. Ohrt (2000a), 12f. In diesem Kontext sei auf Thomas Y. Levins sehr ausführliche und umfassende Auseinandersetzung mit Debords Filmexperimenten verwiesen. Vgl.: Levin (1989), 72-124.
[298] Levin (1989), 82; Hervorhebung des Autors.
[299] Guy Atkins zitiert in: Marcus (1989), 332.

nur Methode: er ist Thema und Motiv. Er aktualisiert seinen Einsatz als Angriff auf die Unerträglichkeit der Kinosituation und wird gesichert vom terroristischen Einspielen einer Realität, die hinter der Herausforderung zum direkten Handeln nur zurückbleiben kann.[300]

Hier fände sich also bereits eine Kritik der Isolation des Einzelnen und seiner passiven Beobachterposition, zu der er innerhalb des Spektakels verdammt ist. In Bezug auf den Titel des Films *Hurlements en Favor de Sade* lassen sich diese Beobachtungen jedoch noch weiter ausführen. Diese 'Hurlements', also das Geheul, so schreibt Levin, entstehe erst durch die aktive Teilnahme des Publikums, das durch den Film bzw. durch die Abwesenheit des Filmes so provoziert würde, dass es zu einem konstitutiven Teil der Vorstellung würde. Der Protest des Publikums ist gleichzeitig das durch den Titel des Films erwartete Geheul. "Afterwards one realized that Debord's use of emptiness and silence had played on the nerves of the spectators, finally causing them to let out 'howls in favor of de Sade.'"[301] Damit spielt Debord nicht nur mit der Erwartungshaltung des Publikums, sondern Zuschauer und Akteur verschmelzen; der Zuschauer wird Teil der Aktion. Debord, so schreibt Levin,

> [alternates] the black imageless void with a blank white field that, although present, is not readable as anything as the apparatus itself - the screen, the projection, the lamp and so on. Here that which is always - necessarily - present in the mode of absence, 'covered' by the representation that it serves to convey, is staged as such. The spectators, confronted with their *desires and expectations* for a (the) spectacle, are provoked to the point of screams (*hurlements*) when it is revealed to what extent they themselves are an integral part of this spectacular economy.[302]

Dem Publikum wird durch die Provokation seiner eigenen Entrüstung gleichzeitig auch seine Position innerhalb des Spektakels vor Augen geführt.

---

[300] Ohrt (2000a), 14
[301] Guy Atkins zitiert in: Marcus (1989), 332.
[302] Levin (1989), 85; Hervorhebung des Autors.

Abb. 6: Filmstill aus Debord, Guy (1978): *In girum nocte et consumimur igni*.

An dieser Stelle ist auch die erste Einstellung aus einem späteren Film Debords *In girum imus nocte et consumimur igni*[303] (1978) (Abb. 6) erwähnenswert. Debord schreibt zu dieser ersten Einstellung in seinen *Œuvres Cinématographiques*, dass Still zeige "a contemporary audience in a movie theater, staring straight ahead and looking right at the spectators - in a perfect reverse shot - who thus see nothing but themselves on this screen."[304] Mehr noch als dem Zuschauer ei-

---

[303] Der Titel bedeutet übersetzt: "Wir irren des Nachts im Kreis umher und werden vom Feuer verzehrt." Vgl. die deutsche Ausgabe: Debord, Guy (1985) *In girum imus nocte et consumimur igni*. Berlin. Libero Andreotti stellt in Bezug auf den Titel es Filmes einen interessanten Bezug zu den Praktiken der SI im urbanen Raum her: [t]he long Latin palindrome [...] can also serve to characterize the urban play tactics of the Situationist International. [...] the palindrome is in fact an ancient play form that, like the riddle and the conundrum, 'cuts clean across any possible distinction between play and seriousness." Für eine ausführliche Erörterung vgl.: Andreotti, Libero (2002): "Architecture and Play." **[orig.: 2000]** In. McDonough, Tom (Hg.): *Guy Debord and the Situationist International: Texts and Documents*. Cambridge, Massachusetts, 213f.

[304] Debord, zitiert in Levin (1989), 101.

nen bloßen Spiegel entgegenzuhalten thematisiert Debord in dieser ersten Einstellung nicht nur den Zustand des passiven Betrachtens, sondern macht den Betrachter selbst zum Gegenstand der Betrachtung und führt ihm so seine eigene Passivität vor.

Mit dieser Kritik an der Passivität der Zuschauer und der proklamierten Negation einer "Fortsetzung des Theaters"[305] lässt sich die SI in eine lange Tradition der Theaterfeindlichkeit einreihen, die bis zu den Ursprüngen des Theaters selbst reicht. So wurde beispielsweise schon Thespis als ältester bekannter griechischer Tragiker und Namensgeber des Theaters von dem griechischen Gesetzgeber Solon als Lügner beschimpft, weil er vorgab jemand anderes zu sein.[306] Jonas Barish schreibt in seiner umfassenden Studie *The Antitheatrical Prejudice*:

> The fact that the prejudice turns out to be of such nearly universal dimension, that it has infiltrated the spirits not only of insignificant criticasters and village explainers but of giants like Plato, Saint Augustine, Rousseau, and Nietzsche, suggests that it is worth looking at more closely - that it is, indeed, more than a prejudice.[307]

Ein zusammenhängender Überblick über die Geschichte der Theaterfeindlichkeit kann an dieser Stelle nicht gegeben werden. Auch ist es nicht angestrebt, Anti-Theatralität in ihren spezifischen Ausprägungen, die eng verhaftet sind mit den kulturellen Kontexten innerhalb derer sie sich formiert, aufzuzeigen, da dies im Hinblick auf die Situationistische Internationale keine große Relevanz hat. Vielmehr möchte ich mich im Folgenden auf Jean Jaques Rousseaus Theaterfeindlichkeit und seine Befürwortung des gesellschaftlichen Festes beschränken und diese in Bezug auf das Verständnis einer konstruierten Situation setzten.

4.1.5. 'urban festival' und antitheatrale Tradition

Rousseaus Theaterfeindlichkeit richtet sich in erster Linie gegen das Theater als einen Ort der Illusion, an dem die Menschen durch den

---

[305] "Vorbereitende Probleme zur Konstruktion einer Situation." (*SI Nr. 1*, 1958), 17.
[306] Barish, Jonas (1981): *The Antitheatrical Prejudice*. Berkeley und Los Angeles, 1.
[307] Barish (1981), 2.

Schein einer dargestellten Handlung und durch das Vortäuschen von Gefühlen geblendet werden. Dabei wandelt Rousseau das ursprünglich theologische Argument der Anti-Theatralität in eine säkulare Kritik an der Gesellschaft und ihres fehlenden moralischen Verhaltens um: "Theater is now judged not for its service to God but its utility to men. The quarrel with the theater merges into the larger quarrel with civilization itself for its hurtful effects on morality."[308] In seinen Essays "De l'Imitation théâtrale" und "Lettre d'Alembert" verarbeitet Rousseau in den grundlegenden Schritten seiner Argumentation gegen Mimesis und Imitation viele von Platons Argumenten und adaptiert diese weitest-gehend.[309] Im Hinblick auf die Unterscheidung von Zuschauern und Akteuren be-schreibt Rousseau in seinem "Lettre sur les Spectacles" die Isolierung und Entfremdung des Zuschauers. "Man glaubt sich im Theater zu versammeln, doch gerade dort isoliert sich ein jeder; gerade dort vergißt man seine Freunde, seine Nachbarn, seinen Nächsten."[310] In diesem Zusammenhang analysiert Jean Starobinski in seiner Studie: *L'Invention de la Liberté*: 1700-1789 Rousseaus Kritik der vorherrschenden theater-architektonischen Anordnung der Zuschauer in kleinen isolierten Zellen, den Logen, die die Zuschauer nach Rang und gesellschaftlicher Stellung trennten.[311] Analog dazu be-schreibt Starobinski die höfischen Feste dieser Zeit als "feierliche Schaustellung und Illusion"[312], in der

> wir das Paradox einer Versammlung von Individuen [erleben], deren egozentrische Wünsche vor-züglich auf eine Trennung der individuellen Erlebnisse hinwirken: wie diesen Augenblicken Erin-nerung und Zukunft fehlen, so haben diese Menschen kein Bedürfnis nach Teilnahme oder Mitteilung.[313]

Sowohl das höfischen Fest als auch das Theater haben einen das Individuum isolierenden Charakter und repräsentieren die (schlechte) Welt des Scheins. Damit bezieht sich Rousseaus Anti-Theatralität

---

[308] Barish (1981), 261.
[309] Vgl. für eine ausführliche Darstellung der Adaption Platons Ideen im Werk Rousseaus: Barish (1981), 260f.
[310] Rousseau zitiert in Starobinski, Jean (1988): *Die Erfindung der Freiheit: 1700-1789.* [orig.: 1964], Frankfurt/Main 100.
[311] Starobinski (1981), 100.
[312] Starobinski (1981), 85.
[313] Starobinski (1981), 86.

nicht nur auf die Abneigung gegen das theatrale Spektakel, sondern auch gegen das gesellschaftliche bzw. höfische Spektakel. Dem entgegen stellt Rousseau das Ideal des Volksfestes, "our republican fêtes, those outdoor gatherings at which we celebrate our collective well-being."[314] Dem höfischen Fest der Illusion sowie dem theatralen Spektakel soll, so Rousseau, die Idee einer neuen, einer reineren Art des Spektakels entgegengesetzt werden.

> Der Wunsch nach einem Fest wird laut, das, nach Rousseaus Worten, nicht mehr exklusiv wäre, sondern das ganze Volk einbegreifen und vereinen, die gesellschaftlichen Schranken niederreißen und alles Getrennte wieder zusammenführen könnte. Es geht dabei um kein geringeres Ziel als um die Umkehrung der inneren Ausrichtung im aristokratischen Fest, um das Erreichen jener Teilnahme und jener Mitteilung, die es verweigerte, um eine Vermischung jener Stände, die es trennte.[315]

An diesem Punkt erscheint mir die Möglichkeit eines Vergleichs von Rousseaus Anti-Theatralität mit dem situationistischen Gedankengut Debords in *La Société du Spectacle* und der Idee einer konstruierten Situation sehr nahe. Der Anspruch der SI, den Einzelnen aus seiner passiven Rolle des Betrachtens, in die ihn das Spektakel positioniert hat, zu befreien, entspricht Rousseaus Negation der Repräsentation im Theater wie auch in der Politik. Jonas Barish schreibt in diesem Kontext:

> The key to this newer, and at the same time older form of spectacle is total participation, the breaking down of the arbitrary barrier between stage and audience. All the actors now become spectators, and all the spectators actors. No one any longer *represents* anyone other than himself.[316]

So wie Rousseau im Fest des Volkes die Aufhebung der Isolation und gesellschaftlichen Trennung durch Stand und Klasse verwirklicht sah, so setzte auch die SI dem Spektakel die "Ausdrucksform einer kollektiven Kreativität" entgegen, welche "im-stande ist, die schöpferischen Kräfte zu umfassen, die sich gleichzeitig mit dem

---

[314] Barish (1981), 289.
[315] Starobinski, (1988), 87.
[316] Barish (1981), 290; Hervorhebung des Autors.

Verfall einer auf dem Individualismus beruhenden Kultur befreien."[317]

Martin Jay rekurriert in seiner Studie *Downcast Eyes. The Denigration of Vision in Twentieth-Century French Thought* explizit auf die rousseausche Tradition, welche die antitheatrale wie auch ikonoklastische Haltung der SI beinhaltet. So schreibt Jay:

> [T]he urban festival, re-establishing the 'right to the city', was still a viable possibility, once the commodity fetishism of the modern spectacle was undermined. That visual experience would become a major battlefield in the service of revolution was inevitable, because of the strong link between any critique of fetishism, Marxist or otherwise, and that of idolatry. [...] The fact moreover, that in French spectacle also means a theatrical presentation suggests that in invoking it as the antithesis to festival, Lefèbvre and the Situationists were drawing on the long-standing suspicion of theatrical illusion evident in Rousseau and before.[318]

Als Antithese zu einer Gesellschaft des Spektakels formuliert die SI eine Form des gesellschaftlichen "urban festival". Der Passivität des Beobachtens wird aktive Partizipation und dem Spektakel als undurchsichtiges "Monopol des Scheins"[319] das unmittelbare Erleben des städtischen Raums, "der sich ständig schöpferisch erneuern muss,"[320] ent-gegengesetzt. So schreibt Jonas Barish in Bezug auf Starobinskis Untersuchung mit dem Titel *Rousseau*: "If the theater, in Starobinski's terms, is the world of opacity, the *fête* is that of transparency. The true meaning of the occasion lies [...] in the people's freeing themselves from the alienation imposed on them by falsifying society."[321]

4.1.6. Spektakel und Überwachung

Diese Aussage Barishs lässt sich wiederum in Beziehung zu Martin Jays Untersuchung *Downcast Eyes* setzen, in der er die Analyse der "vision of the spectacle" der SI an Foucault's Ausführungen des "ga-

---

317 "Eine andere Stadt für ein anderes Leben." (*SI, Nr. 3*, 1959), 113.
318 Jay (1993), 420.
319 Debord (1996), These 12, 17.
320 "Der Unitäre Urbanismus am Ende der fünfziger Jahre." (*SI, Nr. 3*, 1959), 87.
321 Barish (1981), 291; Hervorhebung des Autors.

ze of surveillance"[322] anschließt. Diese beiden Ab-schnitte reiht Jay jedoch ohne größere Verknüpfung aneinander.[323] Im Folgenden möch-te ich die Parallelen und auch die Differenzen zwischen Foucault und der SI im Hin-blick auf ihr Verständnis von Macht und gesellschaftlicher Intervention beschreiben.

Jays Ausgangspunkt ist die Annahme, das Spektakel ('spectacle') und die Überwachung ('surveillance') seien "complementary apparatuses", für deren beider Systeme der Blick und das Sehen bzw. die Sichtweise ('vision') eine zentrale Rolle in Bezug auf die "maintenance of disciplinary or repressive power in the modern world"[324] spiele. In *Surveiller et Punir. Naissance de la Prison*[325] untersucht Michel Foucault im Hinblick auf das Verständnis von Macht, politische wie soziale Praktiken, deren Wirkungen und deren Vollzug. Dabei beobachtet Foucault eine Verschiebung der Machtpraktiken von einer ein-zelnen machtausübenden Person, wie dem Souverän, hin zu verschiedenen Disziplinartechniken, wie der Kontrolle, der Sanktion und der Überwachung, welche neue Wirkungsweisen von Macht konstituieren.[326] Daher ist Jeremy Benthams Panoptikum (Abb. 7), das Modell eines Gefängnisses der totalen Überwachung, auch ein zentraler Untersuchungsgegenstand in *Surveiller et Punir. Naissance de la Prison*. So schreibt Foucault:

> Unsere Gesellschaft ist nicht eine des Schauspiels, sondern eine Gesellschaft der Überwachung. Unter der Oberfläche der Bilder werden in der Tiefe Körper eingeschlossen. [...] Wir sind weit weniger Griechen als wir glauben. Wir sind nicht auf der Bühne und nicht auf den Rängen. Sondern ein-

---

[322] Jay (1993), 383.

[323] Für eine weitere Auseinandersetzung mit Foucault und der SI vgl: Crary, Jonathan (2002a): *Aufmerksamkeit, Wahrnehmung und moderne Kultur.* [**orig.: 1999**: *Suspensions of Perception*. Cambridge, Massachusetts.] Frankfurt/Main, 63f. und ebd. (2002b): "Spectacle, Attention, Counter-Memory." [**orig.: 1989**] In: McDonough, Tom (Hg.): *Guy Debord and the Situationist International: Texts and Documents*. Cambridge, Massachusetts, 455-465.

[324] Jay (1993), 383.

[325] Foucault, Michel (1976). *Überwachen und Strafen.* [**orig.: 1975**], Frankfurt/Main.

[326] Vgl. Seier, Andrea (2001): "Macht." In: Kleiner, Marcus S. (Hg.): *Michel Foucault. Eine Einführung in sein Denken*. Frankfurt/Main, 96.

geschlossen in das Räderwerk der panoptischen Maschine, das wir selber in Gang halten - jeder ein Rädchen.[327]

Obwohl Foucault an diesem Punkt das Spektakel und die Überwachung als zwei unterschiedliche Formen von Macht gegenüberstellt, von denen seiner Ansicht nach die Disziplinierungsgewalt von Körpern durch die Überwachung in un-serer Gesellschaft die vorherrschende Form von Macht darstellt, lassen sich bei Debord und Foucault doch Parallelen in den Vorstellungen von Macht feststellen.

In den 1958 in Kollaboration Guy Debords mit Asger Jorn entstandenen *Mémoires*, einer Kollage aus Bild- und Textfragmenten, die 'psycho-geographisch' durch Farbkleckse und Pinselstriche zueinander in Beziehung gesetzt werden, sind unter anderem auch die Grundrisse eines Gefängnisses abgebildet (Abb. 8). Simon Sadler stellt explizit einen Bezug zwischen der SI und Benthams Panoptikum bzw. Foucaults Auseinandersetzung mit diesem her. Sadler zitiert einen Ausschnitt aus der lettristischen Zeitung *Potlatch* und bezieht diese Aussage dann auf die Abbildungen in den *Mémoires*:

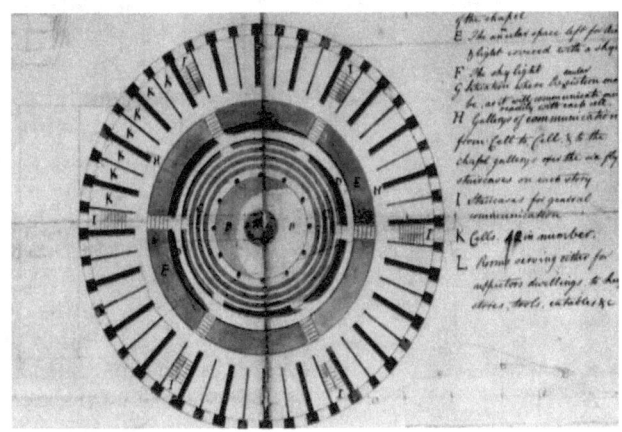

Abb. 7: Bentham, Jeremy (1791): *The Penitentiary Panopticon or Inspection House*.

---

[327] Foucault (1976), 278.

"[T]oday the prison has become the model habitation, [...] life definitely partitioned in closed blocks, in surveilled societies; automatic resignation." Debord and Jorn's illustration of the principle was less sophisticated than the Benthamite panopticon prison later chosen by Foucault, but it made the point well enough, the plan of a nineteenth-century prison workhouse floating through the tortured space of their *Mémoires*."[328]

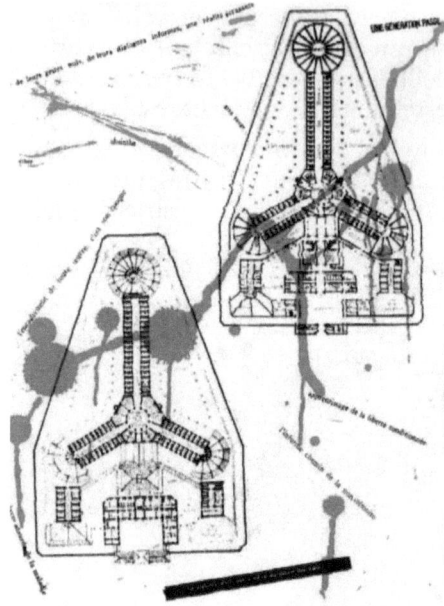

Abb. 8: Debord, Guy (1957): *Memoires*.

Auch die 221 Thesen in *La Société du Spectacle* beschreiben die Organisation und Darstellung von Macht und Herrschaft in einer Gesellschaft. Das Spektakel bezeichnet Debord als "Selbstportrait der Macht in der Epoche ihrer totalitären Verwaltung der Existenzbedingungen"[329]. Weiter schreibt er in These 5: "Das Spektakel kann nicht als Übertreibung einer Welt des Schauens [...] begriffen werden. Es ist vielmehr eine tatsächlich gewordene, ins Materielle übertragene Weltanschauung. Es ist eine Anschauung der Welt, die sich vergegenständlicht hat."[330]

Die Bilder sind Mittel des Spektakels, die wirkliche Gesellschaft zu überdecken und haben gleichzeitig das Ziel, als Trugbild der 'falschen' Gesellschaft auftreten zu können. Eine eindrucksvolle 'Verbildlichung' der Macht lässt sich in der *SI Nr. 11* (1967) am Bild "Porträt der Entfremdung" (Abb. 9) zeigen, auf dem die chinesische Bevölkerung in ei-nem Stadion Mikroteilchen eines Bildes hochhält,

---

[328] Sadler (1998), 49f.
[329] Debord (1996), These 24, 22
[330] Debord (1996), These 5, 14.

die zusammen-gesetzt ein gigantisches Portrait Mao Tse-tungs entstehen lassen. Das Bild Maos wird perfektio-niert in dem Sinne, dass Betrachter und zu betrachtendes Bild verschmelzen. Mao ist hier nichts anderes als eine "ins Materielle übertragene Weltanschauung"[331] oder eben ein "Selbstportrait der Macht"[332]. Ruft man sich nun Foucaults Vergleich von Spektakel und Überwachung ins Gedächtnis, so erscheint dieses "Portrait der Entfremdung" zu-nächst dieser These zu widersprechen, da hier eine einzige Person als Symbol der Macht verbildlicht wird. Bei näherer Betrachtung wird jedoch deutlich, dass Foucaults Aussage, wir, also jeder Mensch in der Gesellschaft, seien "in das Räderwerk der panoptischen Maschine [eingeschlossen], das wir selber in Gang halten - jeder ein Rädchen"[333] - doch auf diese Verbildlichung Maos zutrifft.

In These 29 in *La Société du Spectacle* schreibt Debord:

> Im Spektakel *stellt sich* ein Teil der Welt vor der Welt *dar*, und ist über dieselbe erhaben. Das Spektakel ist nur die gemeinschaftliche Sprache dieser Trennung. Was die Zuschauer verbindet, ist nur ein irreversibles Verhältnis zum Zentrum selbst, das ihre Vereinzelung aufrechterhält. Das Spektakel vereinigt das Getrennte, aber nur *als Getrenntes*.[334]

Betrachtet man nun diese Aussage Debords wieder im Zusammenhang mit dem von Foucault eingeführtem Bild des Panoptikums, so ergeben sich auch hier Gemeinsamkeiten der Betrachtung gesellschaftlicher Macht. Foucault beschreibt in seiner Auseinandersetzung mit Benthams Panoptikum ein ähnliches Verhältnis:

> Jeder Käfig ist ein kleines Theater, in der jeder Akteur allein ist, vollkommen individualisiert und ständig sichtbar. [...] Jeder ist an seinem Platz sicher in eine Zelle eingesperrt, wo er dem Blick des Aufsehers ausgesetzt ist; aber die seitlichen Mauern hindern ihn daran, mit seinen Gefährten in Kontakt zu treten. Er wird gesehen, ohne selber zu sehen; er ist Ob-

---

[331] Debord (1996), These 5, 14.
[332] Debord (1996), These 24, 22
[333] Foucault (1976), 278.
[334] Debord (1996), These 29, 26; Hervorhebung des Autors. Diese Hervorhebung betont noch einmal den 'darstellenden' Charakter des Spektakels. Diese Darstellung vollzieht sich jedoch nur in der Isolation, dem gesellschaftlichen Miteinander entgegengesetzt, als 'Getrenntes'.

jekt einer Information, niemals Subjekt einer Kommunikation.[335]

Abb. 9: "Portrait de L'Aliénation." *internationale situationniste*, Nr. 11 (1967).

Am Beispiel des Panoptikums lassen sich Tendenzen einer Isolation und Dis-ziplinierung des Individuums beobachten, die Foucault als charakteristisch für die modernen Machtstrukturen einer Gesellschaft analysiert und welche ebenfalls in De-bords Gesellschaftsanalyse anhand des Spektakelbegriffs anklingen.[336] Jonathan Crary schreibt in diesem Kontext:

> Debords Auffassung, daß das Spektakel aus vielfachen Strategien der Isolation besteht, entspricht der von Foucault in *Überwachen und Strafen*: es geht um die Produktion fügsamer

---

[335] Foucault (1976), 257.
[336] Foucault spielt selbst die Möglichkeiten der Disziplinierung unterschiedlicher Gruppen (Gefangene, Irre, Kranke, Kinder und Arbeiter), im Panoptikum durch. Daher symbolisiert das Panoptikum nicht nur die Struktur eines Gefängnisses, sondern gleichsam auch die der Gesellschaft. Vgl. Foucault (1976), 257f.

Subjekte, oder genauer um die Zurückdrängung des Körpers als politischer Kraft.[337]

Diese Analyse der "Strategien der Isolation" stellt eine Parallele in den Gesellschafts-konzeptionen von Foucault und Debord dar. Des Weiteren steht für beide das Visuelle im Zentrum des Interesses. Hier muss allerdings differenziert werden: Während Foucault seinen Fokus auf die Apparatur der Sichtbarkeit von gesellschaftlichen Machtmechanismen legt, geht Debords Spektakelbegriff, wie die bereits zitierte These 29 verdeutlicht, von einer Gesellschaftsstruktur aus, deren Machtmechanismen sich über die Verbildlichung, die Produktion von Bildern und ihre gesellschaftliche Zirku-lation, definieren.

Wie lassen sich nun die Theaterfeindlichkeit Rousseaus im Hinblick auf die SI mit den Überwachungsstrukturen von Bentham und Foucault zusammenbringen? Hier bietet das bereits in Kapitel 3 zitierte Interview Foucaults mit Jean-Piere Barou und Michelle Perrot von 1980, das unter dem Titel "The Eye of Power" veröffentlicht wurde, Aufschluss. Ruft man sich die zuvor von Jonas Barish aufgestellte Opposition von Theater als einer "world of opacity" versus dem Fest als einer Welt der "trans-parency"[338] ins Gedächtnis, so erscheint Foucaults These, Bentham sei das "comple-ment"[339] zu Rousseau, nicht abwegig:

> What in fact was the Rousseauist dream that motivated many of the revolutionaries? It was the dream of a transparent society, visible and legible in each of its parts [...]. It was the dream that each individual, whatever position he occupied, might be able to see the whole of society [...]. Bentham is both that and the opposite. He poses the problem of visibility, but thinks of visibility organised entirely around a dominating, overseeing gaze.[340]

Bentham und Rousseau scheinen für Foucault eine Gemeinsamkeit in Hinblick auf ihre Forderungen einer 'sichtbaren' oder 'transparenten' Gesellschaft zu haben. Während Bentham und Rousseau die Sichtbarkeit und vor allem Transparenz von Gesellschaft als Vorzug hervorheben, stellt Foucaults Untersuchung des Panoptikums diese

---

[337] Crary (2002a): 65.
[338] Barish (1981), 291.
[339] Foucault (1980), 152.
[340] Foucault (1980), 152.

Transparenz als "Schaffung eines bewußten und permanenten Sichtbarkeitszustandes beim Gefang-enen" heraus, "der das automatische Funktionieren der Macht sicherstellt."³⁴¹ Allerdings unterscheiden sich Foucault und Debord insofern grundlegend, als dass Foucault keinen Ausweg aus dieser Vorherrschaft des Blicks sieht. *Surveiller et Punir* analysiert die historischen Mechanismen der Macht, eröffnet jedoch keine Alternative, keinen Weg dem "eye of power" in der Gegenwart zu entkommen. Die SI verstand sich dagegen von Beginn ihrer Formation an als eine Bewegung, die Gesellschaft verändern wollte. So schreibt Martin Jay über die Position von Foucault und der SI in Bezug auf die Formation der Macht in einer Gesellschaft:

> If Foucault's critique of the dominant scopic regime focused on the disciplining and normalizing effect of being the object of the gaze, that of Guy Debord and his Situationist collaborators stressed the dangers of being its subject. [...] Moreover, unlike Foucault, the Situationists doggedly held out hope for a utopian reversal of the current order in which the participatory Festival would supplant the contemplative Spectacle, and a new and healthier subject would emerge. Accordingly, they thought to intervene in a more directly activist way than Foucault to bring about this end, hoping to turn the current scopic regime against itself.³⁴²

An diesem Punkt möchte ich noch einmal kurz die bereits in Kapitel 3.7. erörterte Bezugnahme Michel de Certeaus auf die panoptische Struktur der foucaultschen Gesellschaft ins Gedächtnis rufen, dessen Studie *L'Invention du Quotidien* man hier fast als eine Antwort auf Foucault lesen kann. So schreibt de Certeau in der "Allgemeinen Einführung" seines Werkes in direktem Bezug auf Foucaults *Surveiller et Punir*, dass er nicht darauf abziele darzustellen,

> wie die Gewalt der Ordnung sich in eine disziplinierende Technologie umsetzt, sondern [darauf], die untergründigen Formen ans Licht zu bringen, welche die zersplitterte, taktische und bastelnde Kreativität von Gruppen und Individuen annimmt, die heute von der "Überwachung" betroffen sind. Diese Praktiken und Listen von Konsumenten bilden letzt-

---

³⁴¹ Foucault (1976), 258.
³⁴² Jay (1993), 416.

lich das Netz der Antidisziplin, die das Thema des vorliegenden Buches ist.[343]

Mit dieser beschriebenen "Kreativität von Gruppen und Individuen" lässt sich eine Parallele zu Rousseaus, wie auch der situationistischen Befürwortung des Festes als einer Art Umkehrung des Spektakels zu einem kollektiven, kreativen Prozess des Lebens, dem positiven Spektakel, herstellen. So schreibt Starobinski in diesem Kontext zu Rousseaus Vorstellung des Volksfestes:

> Jeder fühlt sich jedem andern gleich, und die Gegenseitigkeit dieses Wissens wird selber zur Substanz des Festes. Man feiert das Heraufkommen einer Transparenz [...] Da jeder zugleich Zuschauer und Schauspieler ist, fällt die Distanz dahin, die im Theater Schauspieler und Publikum trennt. Das Schauspiel ist überall und nirgends. Für jeden Blick identisch, ist das Bild des Festes unteilbar, ein Bild unendlich vervielfältigter menschlicher Begegnung.[344]

Während sich jedoch Rousseaus Vorstellung des Festes als ein gesellschaftliches Ereignis konzipiert, das das Volk als Ganzes mit einbeziehen soll, rekurriert die SI mit ihrer Vorstellung der Situation als "Ausdrucksform einer kollektiven Kreativität"[345] jedoch zunächst einmal auf einen kleinen, aufständischen Teil der Bevölkerung, mit dessen Hilfe der feindlich besetzte öffentliche Raum durch ein "konstruktives Spielverhalten"[346] zurückerobert werden soll. Welche konkrete Vorstellung hatte nun die SI von diesem 'revolutionären Spiel' und wodurch unterscheidet es sich von gewöhnlichen, alltäglichen Spielen?

4.1.7. Die "Intervention von Spielen neuer Art"

Guy Debord schreibt im Rapport: "Unser Einwirken auf das Verhalten, das in Verbindung mit den anderen, wünschenswerten Aspekten einer Revolution der Lebensgewohnheiten steht, kann zusammenfassend als die Intervention von Spielen neuer Art definiert werden."[347] Dabei grenzt Debord seine Definition des Spiels deutlich

---

343 De Certeau (1988), 16.
344 Starobinski (1981), 101.
345 "Eine andere Stadt für ein anderes Leben." (*SI Nr. 3*, 1959), 113.
346 "Theorie des Umherschweifens" (*SI Nr. 2*, 1958), 58.
347 Debord (1995c), 40.

von he-kömmlichen Spielauffassungen ab. Das situationistische Spiel, so Debord, kennzeichne sich durch seine "radikale Verneinung der Charakterzüge des Wettkampfes."[348] Dieses Element des Wettkampfs im Spiel repräsentiert für Debord ein Konkurrenzdenken, welches die Absicht des Gewinnens zu einer Aneignung von Macht und Akkumulation von Profit macht. Im Gegensatz zum Wettkampf, also dem bewussten Gegeneinander zweier Spieler oder Parteien, betont Debord gerade das Miteinander, die kollektive Erfahrung:

> Das Wettkampfelement muß einer wirklich kollektiveren Auffassung des Spiels - der gemeinsamen Schaffung der gewählten Spielbedingungen - weichen. Der zu überwindende Hauptunterschied liegt zwischen Spiel und gewöhnlichem Leben, wobei das Spiel für eine isolierte vorübergehende Ausnahme gehalten wird. ... das Spiel muss in das gesamte Leben eindringen, indem es mit seinem borniertem Raum und seiner borniertem Zeit radikal bricht.[349]

In diesem Zusammenhang ist Johan Huizingas Studie *Homo Ludens. Vom Ursprung der Kultur im Spiel* von Bedeutung, da sie meines Erachtens die Spielauffassung der SI maßgeblich beeinflusste. Die Kenntnis Huizingas Werk im Hinblick auf die Spielauffassung der SI kann für diese als bekannt vorausgesetzt werden, da sich im "Beitrag zu einer situationistischen Definition des Spiels" in der ersten Ausgabe der Zeitschrift 1958 eine Bezugnahme der SI auf den niederländischen Kulturhistoriker nachweisen lässt.[350] Die Bedeutung des Spiels für das Verständnis von Revolution bzw. für die Konstruktion einer Situation der SI ist sehr ausgiebig rezipiert worden. So schreibt Sadie Plant beispielsweise

> Revolution was conceived as the first freely constructed game, a collective transformation of reality in which history is seized by all its participants. Play, pleasure, and participation were to be the hallmarks of a new form of social organisation appropriate to a world in which the imperatives of survival no longer legitimise relations of domination, alien-

---

348 Debord (1995c), 40.
349 "Beitrag zu einer situationistischen Definition des Spiels." (*SI Nr. 1*, 1958), 15.
350 Vgl. "Beitrag zu einer situationistischen Definition des Spiels." (*SI Nr. 1*, 1958), 15.

ation, or the separation between the individual and the world.[351]

Ein Zusammenhang zwischen Huizingas Untersuchung des Spiels und seinem Einfluss auf die SI wird in den meisten Fällen jedoch nicht hergestellt. Libero Andreotti ist einer der wenigen, der sich mit dem Einfluss Huizingas intensiv beschäftigte. Andreotti untersucht in seinem Aufsatz "Architecture and Play" das Spielelement in den Aktivitäten von Debord, Gallizio und Constant zur Gründungszeit der SI 1957 und zeigt, wie jeder von ihnen Huizingas Theorie des Spiels in eine "revolutionäre Ethik" transformierte, "die effektiv jede Unterscheidung von Spiel und Ernst oder von Alltag und Kunst aufhob".[352]

Johan Huizinga schreibt in *Homo Ludens*:

> Auffallender noch als seine zeitliche Begrenzung ist die räumliche Begrenzung des Spiels. Jedes Spiel bewegt sich innerhalb seines Spielraums, seines Spielplatzes, der materiell oder nur ideell, absichtlich oder wie selbstverständlich im Voraus abgesteckt worden ist. [...] Sie [die Spielplätze] sind zeitweilige Welten innerhalb der gewöhnlichen Welt, die zur Ausführung einer in sich abgeschlossenen Handlung dienen.[353]

Ähnlich wie Huizingas Spieldefinition strebte auch die SI durch ihre Konstruktion von Situationen die Erschaffung eines neuen, kreativen Raums an. Ein wichtiger Unterschied der beiden Spielauffassungen besteht allerdings in ihrer unterschiedlichen Positionierung von Spiel und Alltag zueinander. Während Huizinga das Spiel als "Etwas, was nicht das 'gewöhnliche Leben' ist"[354] definiert, ist für die SI Spiel immer auch ein Spiel mit Möglichkeiten, vor allem mit Möglichkeiten der Veränderung der Gesellschaft.

> Was ist die Situation? Sie ist die Verwirklichung eines höheren Spiels oder genauer gesagt die Aufforderung zum Spiel

---

351 Plant (1992), 71.
352 Andreotti schreibt: "I would like to show how each of them radicalized Huizinga's theory of play into a revolutionary ethics that effectively abolished any distinction between play and seriousness, or between art and everyday life." Andreotti (2002), 215.
353 Huizinga, Johan (2001): *Homo Ludens* [orig.: **1938**], Reinbeck bei Hamburg, 18f.
354 Huizinga (2001), 17.

der menschlichen Anwesenheit. Die revolutionären Spieler aller Länder können sich innerhalb der S.I. vereinigen, um damit anzufangen, aus der Vorgeschichte des alltäglichen Lebens hinauszukommen.[355]

In diesem Sinne ist die konstruierte Situation, wie auch die in Kapitel 3 untersuchten Praktiken des *dérive* und des *détournement*, nichts anderes als Aufforderungen zu einem neuen, spielerischen Umgang mit dem öffentlichen Raum.

An dieser Stelle soll noch einmal auf die in Kapitel 3.6.2 behandelte Feststellung Martina Löws von Raum als einer relationalen (An)Ordnung Bezug genommen werden. Löw hebt mit dieser spezifischen Schreibweise hervor, dass dem Raum sowohl "eine Ordnungsdimension, die auf gesellschaftliche Strukturen verweist, als auch eine Hand-lungsdimension, daß heißt der Prozeß des Anordnens innewohnt."[356] In Bezug auf Löws Formulierung von Raum als (An)Ordnung von Körpern, ließ sich das *dérive* als eine Handlung beschreiben, welche räumliche und auch gesellschaftliche Strukturen sichtbar und erfahrbar macht. Gleichzeitig konnte das *dérive* jedoch auch als ein Prozess des Anordnens verstanden werden: Durch das Umherschweifen wird der urbane Raum subjektiv neu angeordnet. In Hinblick auf die Konstruktion von Situationen lässt sich die These formulieren, dass das *dérive* wie auch die Psychogeographie und das *détournement*, als Prozesse des (An)Ordnens immer auch Vorgänge sind, die mit der Wahrnehmung, sei es von einem Bild, von Werbung oder vom urbanen Raum, spielen. Die Konstruktion von Situationen als die Zusammenführung dieser einzelnen Praktiken ist somit ein Vorgang, der mit der Wahrnehmung von gesellschaftlichen Gegebenheiten und Prozessen, mit der Wahrnehmung von Gesellschaft als Ganzem spielt. Anknüpfend an diese

---

[355] "Manifest" (*SI Nr. 4*, 1960), 152f. Hier klingt ebenfalls eine Anspielung auf das Manifest der Kommunistischen Partei an, welches mit den Worten "Proletarier aller Länder, vereinigt euch!" endet. Vgl. Marx, Karl und Engels, Friedrich (1976): *Manifest der Kommunistischen Partei*. [**orig.**: **1848**] Leipzig. Solche- 'intertextuellen' Anspielungen - besonders marxistische Texte - bedient sich die SI sehr häufig. So beispielsweise auch in *La Société du Spectacle*, in der Debord in der ersten These den Anfang von *Das Kapital* widerhallen lässt. Vgl. Debord (1996), These 1, 13 und Marx, Karl (1956): *Das Kapital*. [**orig.**: **1867**] In: Marx, Karl und Engels, Friedrich: *Werke*. (Bd. 23) Berlin, 49.

[356] Löw (2001), 131.

Feststellungen soll nun diskutiert werden, ob sich die konstruierte Situation als eine Form von Theatralität beschreiben lässt.

4.2. Theatralität

4.2.1. Theatralität und Wahrnehmung

Der Begriff der Theatralität eröffnet ein weites Feld. Ein Blick in diverse Nachschlagewerke vermag wenig zu einer begrifflichen Determinierung von Theatralität beizu-tragen. Nichtsdestotrotz existiert ein Diskurs über Theatralität, d.h. über die Möglich-keiten dieses Begriffes, einerseits das Verständnis von theatralen Vorgängen (innerhalb des Rahmens Theater) zu erweitern, und andererseits diese Vorgänge aus dem isolierten Gebiet des Theaters herauszuholen und Theatralität ins Blickfeld einer anthropologischen oder sozialwissenschaftlichen Erforschung (zwischen-) menschlicher Erfahrungsmuster zu setzten. Anknüpfend an diese Vorstellung von Theatralität als ein Phänomen, das sich nicht nur auf den mimetischen Charakter des Theaters bezieht, sind die soziologischen Arbeiten Ervin Goffmans und Elisabeth Burns wie auch die anthropologischen Ausführungen Viktor Turners und Richard Schechners[357] zu betrachten.

Ervin Goffmans 1959 veröffentlichte *The Presentation of Self in Everyday Life* ist eine der ersten soziologischen Studien, die sich mit theatralen Phänomenen im Alltag auseinander setzt, indem es das Verhalten der Menschen im Alltag mit theatralen Rollen einer Bühnenhandlung in Beziehung setzt. In der 1974 erschienenen *Frame Analysis* führt Goffman diesen Gedanken fort. Darin dient für Goffman der Rahmen als ein Organisationsschema von Erfahrungen. Der Rahmen einer Handlung, so Goffman, definiere Situationen, d.h. er bildet einen Konventionsrahmen, innerhalb dessen 'sinnlose',

---

[357] Eine detaillierte Untersuchung der anthropologischen Auseinandersetzung Richard Schechners und Victor Turners mit dem Begriff der Theatralität ist für diese Arbeit nicht relevant, es sei jedoch auf Schechner, Richard (1985): *Between Theater and Anthropology*. Philadelphia; und Turner, Victor (1990): "Are there Universals of Performance in Myth, Ritual, Drama?" In: Schechner, Richard und Appel, Willa (Hg.): *By Means of Performance: Intercultural Studies of Theatre and Ritual*. Cambridge, 11, verwiesen.

nicht spezifizierte Handlungen einen Sinn bekommen. Im Theater, so Goffman, bildet die Rampe diese Grenze, den Rahmen, innerhalb dessen bestimmte Konventionen herrschen.[358] Auf eine ähnliche Art und Weise versucht Elizabeth Burns 1972 in ihrer Studie *Theatricality. A Study of Convention in the Theatre and in Social Life* die getrennten Untersuchungsfelder des Theaters und der Sozialwissenschaften zusammenzu-bringen. Burns unterscheidet im Theater zwei Arten von Konventionen. Die "rhetorical" Konventionen, so Burns, organisiere die "interaction between performers und spectators."[359] Diese rhetorische Konvention bezieht sich auf das Einverständnis zwischen Zuschauer und Schauspieler, "that the actors will be allowed to conjure up a fictitious world, that their actions and words will be meaningful and effective [...] within arbi-trarily defined bounds of place, time, situation and character."[360] Die authentizitierende Konvention dagegen bezieht sich auf die Interaktion der Schauspieler auf der Bühne, auf ihr Übereinkommen, die 'wirkliche' Welt, das 'reale' Leben zu imitieren. "They 'model' social conventions in use at a specific time and in a specific place or milieu." "These conventions", schreibt Burns weiter, "suggest a total and external code of values and norms of conduct from which the speech and action of the play are drawn."[361]

Ähnlich wie Goffman spricht Burns hier von Theater als einer Komposition, einer Zusammenstellung von Vorstellungen und Normen, die sowohl auf der Bühne als auch im 'wirklichen' Leben Gültigkeit besitzen.

> For drama is not a mirror of action. It is a composition. In composing words, gestures, and deeds to form a play, dramatists and performers operate within the constraints [...] of both kinds of convention. Together the constraints amount to a code of rules for the transmission of specific beliefs, attitudes and feelings in terms of organised social behaviour.[362]

---

[358] Goffman, Erwin (1977): *Rahmen-Analyse. Ein Versuch über die Organisation von Alltagserfahrungen.* [**orig.:** 1974] Frankfurt, 159f.
[359] Burns (1972), 31.
[360] Burns (1972), 31.
[361] Burns (1972), 32.
[362] Burns (1972), 33.

Beide Soziologen, so kritisiert die norwegische Theatertheoretikerin Anne-Britt Gran, gehen von einem bürgerlichen, realistischen Theaterbegriff aus. "The concept of *role* in Realist Theater is what in Sociology comprises normal social behavior in an ordered world. The conventional theater is used as a model for conventional social behavior."[363] Ihre Theorien vermögen daher, so Gran, auch nur das 'normale', also konventionelle Verhalten auf der Bühne und das damit korrespondierende Verhalten im Alltag zu erklären. Damit ist das Anwendungs- und Untersuchungsfeld solcher Konzepte stark begrenzt, da es zum einen, wie gesagt, unkonventionelles Theater, Performance und andere Theaterformen wie Oper oder Tanz als Bezugsrahmen ausschließt und gleichzeitig auch nur vermag, konventionelles soziales Verhalten zu analysieren. Zum anderen sind beide Modelle an das Theater und das soziale Verhalten einer bestimmten Zeit gebunden und verlieren ihre Gültigkeit, überträgt man sie in eine andere Zeit mit einem anderen Theaterverständnis.

Ein zweiter Kritikpunkt, der sich in Bezug auf Goffman und Burns einführen lässt, ist der, dass beide Theatralität als einen Verhaltensmodus einführen, der dem 'natürlichen' Verhalten im 'wirklichen' Leben gegenübergestellt ist. Burns schreibt über die Theatralität im Alltag:

> 'Theatricality' in ordinary life consists in the resort to this special grammar of composed behaviour; it is when we suspect that behaviour is being composed according to this grammar of rhetorical and authenticating conventions that we regard it as theatrical.[364]

Damit wird jedoch ein Blickwinkel eingenommen, der impliziert, dass die 'Grammatik' der Konventionen des Theaters ein bestimmtes Verhalten im alltäglichen Leben widerspiegelt. Weitergeführt bedeutet das, dass die Wahrnehmungsstruktur, die theatrale Vorgänge auf der Bühne erfasst, eins zu eins auf die Wirklichkeit übertragen wird. Damit wird das Theater als eine Organisationsform von Wahrnehmung des Alltags benutzt, als eine Vorlage, anhand derer Alltagsverhalten kategorisiert wird. Problematisch ist an dieser Perspektive jedoch, dass das kulturelle Phänomen Theater als einer

---

[363] Gran, Anne-Britt (2002): "The Fall of Theatricality in the Age of Modernity." In: *Substance* (31, 2+3), 254; Hervorhebung der Autorin.
[364] Burns (1972), 33.

Repräsentation sozialer Wirklichkeit hier als Vorlage zur Strukturierung von Wahrnehmung dieser Wirklichkeit benutzt wird.

Obwohl der von Elizabeth Burns eingeführte Theatralitätsbegriff als Strukturierung von Wahrnehmung an diesem Punkt problematisch ist, erscheint mir ihre Definition von Theatralität als Wahrnehmungsmodus in Bezug auf die SI und ihre Konstruktion von Situationen ein hilfreiches Analysewerkzeug, das an dieser Stelle näherer Betrachtung bedarf. So schreibt Burns

> Theatricality is not therefore a mode of behaviour or expression, but attaches to any kind of behaviour perceived and interpreted by others and described (mentally or explicitly) in theatrical terms. These others are more aware of the symbolic than of the instrumental aspect of any behaviour which they feel they can describe as theatrical. [...] theatricality itself is determined by a particular viewpoint, a mode of perception.[365]

Indem Theatralität als ein Wahrnehmungsmodus definiert wird rückt nicht so sehr der Inhalt des Gesehenen und dessen implizierte Unterscheidung zwischen 'echt - unecht' oder 'theatral - natürlich' ins Zentrum des Interesses, sondern die Erkenntnis, dass durch Wahrnehmung von Verhaltensweisen oder Ereignissen erst eine Unterscheidung von Alltagsperson und einer 'gespielten' Figur vollzogen wird.

Die franko - kanadische Theatertheoretikerin Josette Féral untersucht in ihrem Aufsatz "La Théâtralité; Recherche sur la Spécificité du langage théâtral"[366] den Zusammenhang von Theatralität und Alltagserfahrung. Dabei entwirft sie drei Szenarien, anhand derer sie Theatralität als "not strictly a theatrical phenomenon"[367] untersucht und beobachtet, dass Theatralität zwei Bedingungen voraussetzt. Zum einen basiere Theatralität auf einer Vereinnahmung des Alltagsraums durch den Performer und zum anderen auf dem Blick des Zuschauers, durch den der betrachtete Raum eine Rahmung im Sinne Goffmans erhält.[368] Dieser Vorgang, so Féral, "create[s] a cleft that divides space into the 'outside' and the 'inside' of theatricality.

---

[365] Burns (1972), 13.
[366] Féral, Josette (2002): "Theatricality: The Specifity of Theatrical Language." In: *SubStance* (31, 2+3), 94-108.
[367] Féral (2002), 95.
[368] Vgl. Féral (2002), 97.

This space is the space of the 'other'; it is the space that defines both alterity and theatricality."[369] Damit lässt sich Férals Theatralitätsbegriff dort anknüpfen - auch wenn sie nicht direkt Bezug auf Burns nimmt - wo Burns Begriff aufhört: Burns schließt ihre Studie mit der Feststellung, dass "theatricality is seen not as a mode of behaviour but as a mode of recognition. It belongs to the critical, judging, assessing 'I' that stands aside from the self - a conscience or ego."[370]

Wenn Theatralität sich als ein Vorgang beschreiben lässt, der sich zwischen einem sich präsentierenden und einem beobachtenden Subjekt vollzieht, so betont Féral damit das Prozessuale dieses Vorgangs. Janelle Reinelt schreibt in diesem Zusammenhang:

> For Féral, theatricality is a condition in which a certain cleavage in space opens up where the spectator looks to engage and to create the theatrical. [...] Féral claims that theatricality is a dynamic of perception, creating between the spectator and the one looked at (the actor) the special condition of theatricality.[371]

Hier lässt sich eine Veränderung des Theatralitätsbegriffes in Bezug auf seine Prozesshaftigkeit feststellen. Wenn Anne-Britt Gran in ihrer Untersuchung des Theatralitätsverlustes in der Moderne feststellt, dass "[d]uring the re-theatricalization phase, theatricality was primarily about aesthetic form. Different styles and genres were perceived as either theatrical or not"[372], so ist hier ein Wandel des Begriffs der Theatralität von einer statischen, festen Auffassung, was theatral sei und was nicht, hin zu einem Verständnis von Theatralität als einem dynamischen Prozess sichtbar. Theatralität, so Féral, "appears to be more than a property; in fact, we might call it a process that recognizes subjects in process; it is a process of looking at or being looked at."[373]

---

[369] Féral (2002), 97.
[370] Burns (1972), 232.
[371] Reinelt, Janelle (2002): "The Politics of Discourse: Performativity and Theatricality." In: *Substance* (31, 2+3), 207.
[372] Gran (2002), 251.
[373] Féral (2002), 98.

4.2.2. Theatralität und die Konstruktion von Situationen

Férals Auffassung von Theatralität als ein dynamischer Prozess ermöglicht die Herstellung einer Verbindung zwischen Theatralität und den Praktiken der SI im öffentlichen Raum, insbesondere der Konstruktion von Situationen. Ruft man sich noch einmal die in Kapitel 3 vorgestellten psychogeographischen Karten Debords und die Praktik des Umherschweifens in Erinnerung, so kann man das Umherschweifen und die psychogeographischen Karten Debords als einen spielerischen Umgang mit der Wahrnehmung von öffentlichem Raum beschreiben. Das homogen erscheinende Bild der Stadt wird durch die individuelle Wahrnehmung, durch den Blick des Einzelnen fragmentiert. Auf diese Weise werden die einzelnen Teile in neue Relationen zueinander gebracht. Die Zentralperspektive, welche die Stadt als statisches, einheitliches Ganzes erscheinen lässt, wird zugunsten der individuellen Wahrnehmung, wie sie beispielsweise im Umherschweifen praktiziert wird, aufgelöst.

In diesem Sinne wären das *dérive* und auch die psychogeographischen Karten Debords als performative Akte des Betrachtens zu verstehen, in dem durch den Prozess des Betrachtens Raum geschaffen wird. Indem das Subjekt betrachtet, schafft es Raum. So schreibt Féral: "Theatricality appears to be an almost fantastical cognitive operation set in motion either by the observer or the observed. It is a performative act creating the virtual space of the other [...]."[374] Damit wird Theatralität als rezeptionsästhetische Kategorie um ein entscheidendes Element erweitert. Féral beschreibt hier den Vorgang des Betrachtens nicht nur als einen kognitiven, sondern schreibt ihm performativen Charakter zu. Damit lassen sich die Psychogeographie, das *dérive* und auch das *détournement*, die Zweckentfremdung, im weitesten Sinne als Formen der Theatralität, wie sie Féral definiert, bezeichnen, da sich diese Praktiken erst durch die Wahrneh-mung, durch die Erfahrung des Betrachtens vollziehen. Auf ähnliche Weise soll mit der konstruierten Situation auch die Wahrnehmung des Zuschauers, vor dem sich ein ein-heitliches Bild auf der Bühne präsentiert, negiert werden. Der passive Zuschauer, der das Geschehen auf der Bühne von seiner isolierten Position aus als eine in sich ge-schlossene Welt beobachtet, soll, so die Forderung der SI mit der Konstruktion der Situation, in das Geschehen integriert, zur Handlung gezwungen werden.

---

[374] Féral (2002), 98.

In dem Moment, in dem der Zuschauer jedoch in das Dargestellte integriert wird, ist die Unterscheidung von Beobachter und Beobachtetem, von 'self' und 'Other', von Zuschauer und Akteur hinfällig. Férals Entwürfe von Theatralität basieren jedoch auf der Unterscheidung von 'Realität' und Fiktion. Für Féral entsteht durch den Prozess des Betrachtens ein Raum, den sie immer als einen fiktiven, d. h. nicht alltäglichen defi-niert. Férals Konzept der Theatralität basiert auf der Annahme, dass sich der alltägliche Raum durch den Blick eines beobachtenden Subjektes hin zu einem theatralen verändern kann. "[T]heatricality seems to be a process that has to do with a "gaze" that postulates and creates a distinct, virtual space belonging to the other, from which fiction can emerge."[375] Dieser Blick, so Féral, produziert einen "spatial cleft"[376], also als eine Kluft, einen Riß im "quotidian space"[377], im Alltagsleben:

> the spectator's gaze created a spatial cleft from which illusion emerged - illusion whose vehicle the spectator had selected from among events, behaviors, physical bodies, objects and space without regard for the fictional or real nature of the vehicle's origin.[378]

Damit ist der Blick des Zuschauers sozusagen das fiktionalisierende Element, welches eine Alltagshandlung mit einem außeralltäglichen Rahmen versieht: "Theatricality has occurred [...] through a spectator's gaze framing a quotidian space that he does not occupy. Such actions create a cleft that divides space into the 'outside' and the 'inside' of theatricality."[379] In dem Moment, in dem diese Unterscheidung von 'innen' und 'außen' wegfällt und Zuschauer und Akteur zusammenfallen, kann man somit nicht mehr von Theatralität sprechen. In diesem Sinne kann man die Konstruktion der Situation, die als "revolutionäre Aktion" sich nicht darauf beschränkt, das Leben wiederzugeben, d.h. zu repräsentieren, sondern dieses erweitern will, indem sie experimentelle Lebensformen schafft, als eine Form der Anti-Theatralität bezeichnen.

Während also Féral Theatralität als eine Form der Wahrnehmung beschreibt, welche diese "spatial cleft", die Grenze zwischen real

---

[375] Féral (2002), 97.
[376] Féral (2002), 97.
[377] Féral (2002), 97.
[378] Féral (2002), 97.
[379] Féral (2002), 97.

und fiktiv markiert, argumentiert Kati Röttger in ihrer Studie *Fremdheit und Spektakel. Theater als Medium des Sehens* zugunsten eines weiter gefassten Verständnisses von Theatralität. Röttger bezeichnet den Begriff der Theatralität als "janusköpfigen Wendehals, der immer am Spalt *zwischen* Ordnungen des Wissens, eben nicht nur in Kategorien von Wahrnehmung, Sprache und Bewegung, sondern an deren Rändern [...] manövriert." [380]

Röttgert spezifiziert diese Aussage weiter, wenn sie schreibt:

> In diesem Sinne fungiert Theatralität gleichsam als Aufmerksamkeitsschwelle, die Übergänge vom Unsichtbaren zum Sichtbaren, vom Ungehörten zum Hörbaren kennzeichnet. Theatralität appelliert an das Subjekt, eine 'andere' Perspektive zur Welt, zu den Dingen einzunehmen. So gesehen fungiert Theatralität als diskursives Element, denn sie stellt keine Wahrheit her, sondern verhandelt sie.[381]

Indem Theatralität als ein Wahrnehmungsmodus beschrieben wird, der eine "'andere' Perspektive zur Welt" einnimmt, wird Férals enge Bestimmung der Theatralität als der Wahrnehmung zwischen real und fiktiv zugunsten einer 'Verhandlung von Wahrheit' relativiert. "[A]ls operationales Element reguliert und entreguliert [Theatralität] Wahrnehmungsverhältnisse, indem es am Spalt zwischen Beobachter und Beobachtetem arbeitet und das Verhältnis mit Fremdheit durchzieht."[382]

Die Konstruktion von Situationen als eine Form der Theatralität in diesem Sinne verstanden, entspricht der Vorstellung der Situationisten, so genannte positive Löcher[383] zu erschaffen, die als Freiräume des vom Feind besetzten urbanen Raums betrachtet werden sollten. Sie werden als Leerstellen gedacht, in denen gesellschaftli-

---

[380] Röttger, Kati (2003): *Fremdheit und Spektakel. Theater als Medium des Sehens*. Habilitationsschrift, Mainz, (noch nicht veröffentlicht) 100; Hervorhebung der Autorin. Mit den Kategorien von Wahrnehmung, Sprache und Bewegung rekurriert Röttger auf Helmar Schramms 'architektonisches Dreieck' bestehend aus den dynamischen Faktoren *Aisthesis* (Wahrnehmung), *Kinesis* (Bewegung) und *Semiosis* (Sprache). Vgl. Hierzu Schramm, Helmar (1996): *Karneval des Denkens. Theatralität im Spiegel philosophischer Texte des 16. Und 17. Jahrhunderts*. Berlin, 251-263.

[381] Röttger (2003), 100.

[382] Röttger (2003), 101.

[383] Vgl. "Elementarprogramm des Büros für einen Unitären Urbanismus." (*SI Nr. 6*, 1961), 225.

che Vorstel-lungen subversiert und neu verhandelt werden können. Situationen sollen, wie gesagt, durch einen spielerischen Umgang mit dem urbanen Raum konstruiert werden. Dabei ist das Element des Spiels eine Form des Experimentierens mit dem Raum und mit der Perspektive auf diesen. Es stellt eine Möglichkeit dar, den bestehenden Bedeutungen, Funktionen und Ordnungen von Raum ihren Schein der Unveränderlichkeit zu rauben und durch eine 'andere' Perspektive diesen neu zu konnotieren. Damit initiiert die Konstruktion von Situationen Prozesse, welche die Wahrnehmung gesellschaftlicher Strukturen und Ordnungen als dynamische Gefüge betrachten und somit verhandelbar machen.

4.2.3. Cultural Performance

In diesem Sinne lässt sich der Begriff der 'cultural performance'[384] als eine Erweiterung des Verständnisses von Theatralität im Hinblick auf die Praktiken der SI im öffentlichen Raum heranziehen. Denn, wie Christopher Balme resümierend in seiner *Einführung in die Theaterwissenschaft* schreibt,

> [ist] [d]er Begriff der kulturellen Aufführung (*cultural performance*) [...] grundlegend für die Umorientierung der Geisteswissenschaften von ihrer bisherigen Fixierung auf 'Monumente' hin zu einer Beschäftigung mit Prozessen und den eher flüchtigen Ereignissen einer Kultur.[385]

Joachim Fiebach hat sich innerhalb seiner Theatralitätsforschung mit dem Begriff der cultural performance intensiv beschäftigt. In Auseinandersetzung mit Victor Turners Begriff der Liminalität[386] kommt Fiebach zu folgenden Verständnis von cultural performance:

---

[384] Dieser Ausdruck geht auf den amerikanischen Ethnographen und Philosophen Milton Singer zurück, der seit 1958 die gesellschaftlichen - politischen, sozialen wie ökonomischen - Strukturen und Prozesse als 'cultural performances' untersuchte. Vgl. Fiebach, Joachim (1996): "Theatralitätsstudien unter kultur-historisch-komparatistischen Aspekten." In: Fiebach, Joachim, Mühl-Benninghaus, Wolfgang (Hg.): *Spektakel der Moderne. Bausteine zu einer Kulturgeschichte der Medien und des Darstellenden Verhaltens*. Berlin, 38.

[385] Balme, Christopher (1999): *Einführung in die Theaterwissenschaft*. Berlin, 174; Hervorhebung des Autors.

[386] Viktor Turner benutzt den Begriff der 'Liminalität', um "unique structures of experience" (Turner, 1990, 11) zu beschreiben und einen Schwellenzustand, ein 'Dazwischen' zu benennen: "The limen, or threshold, is a

Als liminale oder liminoide oder [...] als konjunktive (subjunctive) Zeiträume des Indikativen, des übergreifend gesellschaftlich "Bestehenden" ermöglichen sie [die Prozesse der Liminalität] die Durchdringung, die reflexive Durchmusterung des gesellschaftlichen Zustandes, von Welt generell, damit, so würde ich lesen, das kritische Erfahren, Sehen und Denken von Welt, von eigener Historizität. Kulturelle Darstellungen (cultural performances) seien nicht einfach Reflektoren oder ein passiver Ausdruck von Kultur. Sie können selbst aktive Faktoren von Veränderung sein. Sie wären das Auge, durch das sich die Kulturen selber sehen, und das Zeichenbrett (drawing board), auf dem kreative Akteure skizzieren, was sie für geeignetere (gegenüber dem Gegebenen, JF) und interessantere Lebensentwürfe ("designs for living") halten.[387]

Indem cultural performances nach Fiebachs Auslegung nicht nur "Ausdruck von Kultur", sondern vor allem Ausdruck deren Veränderung sein können, öffnet er das Blickfeld für eine Betrachtung von Grenzzuständen und -überschreitungen im Kontext kultureller Praktiken und ihres Einflusses auf die Destabilisierung von sozialen und politischen Machtstrukturen einer Gesellschaft.

Die Cultural Studies[388], wie sie in den sechziger Jahren in England entstanden sind, untersuchen Strukturierungen und Konzepte (frameworks), die die Beziehungen von Macht, Machtausübenden und Machtunterworfen prägen. Die Verknüpfung von Politischem und Kulturellem ist hier zentral.[389] Daran anknüpfend beschreibt Fiebach sein Interesse an Theatralität:

---

no-man's-land betwixt-and-between the structural past and structural future as anticipated by the society's normative control of biological development." (Turner, 1990, 11). Im Gegensatz zur 'cultural performance' ist Liminalität ein Begriff, den Turner im Zusammenhang mit seinen Ausführungen zum Ritual benutzt. Liminalität, nach Turner, bezeichnet innerhalb eines Rituals vor allem psychische Grenzsituationen. Vgl. Turner, (1990), 8-18.

[387] Fiebach, (1996), 40.
[388] Die Cultural Studies bilden eine Forschungsrichtung der Sozialwissenschaften, die 1964 mit Gründung des Birminghamer Centre for Contemporary Cultural Studies (CCCS) unter der Leitung von Richard Hoggart und später von Stuart Hall initiiert wurden. Vgl. Nünning (1998), 76f. und Fiebach (1996), 9f.
[389] Fiebach (1996), 19.

> I can only point to my own philosophical interest — the *critical* analysis of those cases of theatricality that are instrumental in maintaining power structures and blatant social disparities, on the one hand, and, on the other, attempts at resisting, subverting, and, perhaps, altering those realities.[390]

Hier wird, wie Fiebach einräumt, die Unterscheidung zwischen theatral strukturierten Praktiken und den Aktivitäten des 'wirklichen' Lebens schwer bestimmbar: "[T]he boundaries are extremely fluid."[391] Deshalb ist es für Fiebach auch kein weiter Schritt, aus Sicht der cultural performance zahlreiche historische Beispiele der "sociopolitical theatricality"[392] zu finden, in der sich gesellschaftliche Machtstrukturen festigen und reproduzieren. Hier lassen sich die in Kapitel 3 und 4 angeführten Beobachtungen des Verhältnisses von Strukturierung des Raums und dessen Repräsentation bestimmter Machtverhältnisse im Hinblick auf das Werk Michel Foucaults anknüpfen. So schreibt Fiebach im Hinblick auf Foucaults Untersuchung der öffentlichen Folterungen im 17. und 18. Jahrhundert:

> As public juridical practices, they helped construct early modern Europe, or modernity, well into the second half of the eighteenth century; "ce théâtre sérieux," as Foucault called it, was staged to hammer in what the real power structure was, forming, developing, and consolidating the sociopolitical realities of Modern Europe during the reign of Absolutism, one of its crucial "passages" to fully fledged capitalism and bourgeois hegemony. According to Foucault, the public execution, as a political ritual, belongs to those ceremonies by which power is manifested.[393]

Von dieser Untersuchungsperspektive aus lässt sich die Konstruktion von Situationen als eine cultural performance kategorisieren, die sich mit dem Begriff der Theatralität beschreiben lässt, zudem aber auch auf die Verankerung der konstruierten Situation in einem größeren gesellschaftspolitischen Rahmen verweist. Dabei geht es um die Eroberung von konkretem urbanem Raum wie auch um die sich in und durch diesen Raum manifestierenden gesellschaftlichen Machtverhältnisse: "Das Spektakel wird in der

---

[390] Fiebach, Joachim (2002): "Theatricality: From Oral Traditions to Televised 'Realities'." In: *SubStance* (31, 2+3), 26; Hervorhebung des Autors.
[391] Fiebach (2002), 25
[392] Fiebach (2002), 30.
[393] Fiebach (2002), 30.

Wohnung und im Standortwechsel sichtbar (Standard von Wohngebäuden und Autos). Denn in Wirklichkeit bewohnt man nicht ein Stadtviertel, sondern die Macht. Man wohnt irgendwo in der Hierarchie."[394]

Im Folgenden wird Kapitel 5 untersuchen, welchen Einfluss eine konstruierte Situation auf die Gesellschaft als Ganzes haben kann. Damit einher geht die Frage nach der Praktikabilität des Konzeptes der Konstruktion von Situationen. Vermag die konstruierte Situation als "situationistischer Stützpunkt" tatsächlich eine "Invasion des gesamten Alltags"[395] hervorbringen oder bleibt sie bloß eine positive Utopie[396], die den Traum einer besseren Welt imaginiert? Im Hinblick auf die 'Revolte' des Mai '68 stellt sich die Frage, welchen Einfluss die SI tatsächlich auf die Ereignisse der Studentenunruhen und des Generalstreiks im Mai '68 hatte und inwiefern sie ihrem proklamierten Anspruch, Gesellschaft als Ganzes zu verändern, dabei gerecht werden konnte. Kann der Mai '68 als Beispielmodell der Konstruktion von Situationen gewertet werden? Inwiefern wurden die theoretischen und praktischen Konzepte der SI in dieser Zeit verwirklicht?

---

[394] "Elementarprogramm." (*SI Nr. 6*, 1961), 223.
[395] "Elementarprogramm. " (*SI Nr. 6*, 1961), 224.
[396] Vgl. Barrot (1979), 33.

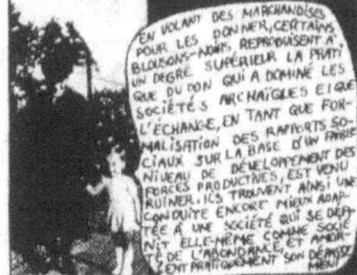

Abb. 10: Bertrand, André (1966) : Le Retour de la Colonne Durutti.

5. 'Die Theorie in die Praxis umsetzen': Die SI und der Mai '68

Der Mai '68 ist ein besonderes Kapitel nicht nur der französischen Geschichte. Unumstritten ist sicherlich, dass, wie Sadie Plant schreibt,

> [t]he dramatic events of May and June 68 which, regardless of their repeated characterisation as a mere 'student revolt', constituted an extraordinary social, political and cultural crisis involving a sustained - and wildcat - general strike and the practical critique of every aspect of capitalist life [...].[397]

Diese Ereignisse, die für einen kurzen Zeitraum einen gesamtgesellschaftlichen Ausnahmezustand evozierten und bis heute den meisten Menschen als die 'wilden '68er' nicht ohne nostalgische Konnotationen in Erinnerung geblieben sind, kennzeichnen sich aber auch durch die Wiederherstellung der gewohnten Ordnung unmittelbar danach. Damit ist also auch die Divergenz zwischen einerseits "the all-consuming intensity of the events while they lasted" und andererseits "the overwhelming reimposition of the political status quo immediately afterwards"[398] ein besonderes Charakteristikum dieser Ereignisse.

Die vorliegende Arbeit vermag nicht alle Faktoren und Ereignisse aufzuzeigen, welche diese außergewöhnlichen Zustände des Mai '68 antizipierten. In ihrer detaillierten geschichts- wie sozialwissenschaftlichen Analyse *'Die Phantasie an die Macht'. Mai '68 in Frankreich*, auf die ich mich im Folgenden weitestgehend beziehen werde, schreibt Ingrid Gilcher-Holtey

> Die französische Neue Linke brauchte weder Marcuse noch Mills, weil sie über eine Tradition dissidenter Intellektueller verfügte, die den Diskurs über ein neues Denken der Linken parallel zur Entstehung der New Left in Großbritannien und den USA entfaltet hatte [...].[399]

---

[397] Plant (1991), 94.
[398] Reader, Keith (1993): *The May 1968 Events in France. Reproductions and Interpretations*. London, 1.
[399] Gilcher-Holtey (1995): *Die Phantasie an die Macht. Mai '68 in Frankreich*. Frankfurt/Main, 95.

Gilcher-Holtey benennt mit der in "Tradition dissidenter Intellektueller" stehenden Bewegung, welche also ein äquivalentes Gedankengut zu Marcuses und Mills entwickelten, explizit die Herausgeber der Zeitschriften *Socialisme ou Barbarie*, *Arguments* und *internationale situationniste*.[400] Daraus leitet Gilcher-Holtey die These ab, dass aufgrund dieser 'Vordenker' bereits vor '68 eine "kognitive Neuorientierung" stattfand, innerhalb derer "gesellschaftliche Analysen, Zielprojektionen, neue kulturelle Wertorientierungen, Mobilisierungs- und Aktionsformen" entwickelt wurden und deshalb schon zur Verfügung standen: "Die Bewegung 68 mußte sie nicht erfinden; ihre Aufgabe bestand darin, sie auszuprobieren, die Theorie in die Praxis umzusetzen."[401] Damit schreibt Gilcher-Holtey der SI den Status 'dissidenter Intellektueller' zu, die, neben anderen Gruppierungen, die theoretischen Grundlagen für die Proteste von '68 lieferten. An dieser Stelle soll nun der Einfluss der SI auf die Ereignisse des Mai '68 nähere Betrachtung finden.

5.1. Der Straßburg-Skandal 1966/67

Im Hinblick auf die Unruhen in Paris 1968 und den Einfluss der SI auf diese ist der so genannte 'Straßburg Skandal' ein nicht wegzudenkender Wegbereiter. An der Universität Straßburg ließen sich 1966 fünf Studenten in die durch die französische Regierung finanziell unterstütze Straßburger Studentenvereinigung (AFGES) wählen. "Bored with their classes and disgusted by the pettiness of leftwing youth-group politics"[402] suchten diese Studenten nach einer Möglichkeit der Provokation. Zu diesem Zwecke traten sie in Kontakt mit der SI in Paris. "We have a piece of power, they said; we want to wreck it."[403] Als Resultat verfasste Mustapha Khayati, ein Mitglied der SI,[404] die Schrift *De la Misère en Milieu Etudiant - con-*

---

[400] Vgl. Gilcher-Holtey (1995), 95. Dies wird ebenfalls an der Strukturierung ihres zweiten Kapitels sichtbar, in dem sie die 'dissidenten Intellektuellen' der 'Neuen Linke' in eben diese drei Gruppierungen unterteilt. Vgl. Gilcher-Holtey (1995), 47-81.

[401] Gilcher-Holtey (1995), 104.

[402] Marcus (1989), 413.

[403] Marcus (1989), 413.

[404] An dieser Stelle muss allerdings angemerkt werden, dass die SI sich vehement gegen die Vorwürfe wehrte, die Studenten zur Straßburg Kampagne angestiftet oder gar als Organisator dieser Kampagne operiert zu

sidérée sous ses aspects économique, politique, psychologique, sexuel et notamment intellectuel et de quelques moyens pour y remédier[405], die in Form einer Broschüre in einer Auflage von 10.000 Kopien vom Studentenbund herausgegeben und finanziert wurde.[406] Zur Ankündigung dieser Broschüre wurde zur Eröffnungsveranstaltung des neuen Semesters 1966/67 der Comic *Le Retour de la Colonne Durutti* von André Bertrand verteilt[407] (Abb. 10, S.117). Dieser Comic rekurriert auf die anarchistischen Truppen des katalanischen Revolutionärs Durutti, die im Spanischen Bürgerkrieg durch die Dörfer zogen und alles verwüsteten.[408] Die Art und Weise, wie der Comic gemacht war, erinnert an die situationistische Technik des *détournement*. So schreibt Greil Marcus: Der Comic bestand aus

> a few newly drawn cartoons, but mostly photos and Art works scavenged from magazines and books, and now talking in comic strip balloons. [...] Bertrand was a situationist fan; not making art but playing with it, he worked with a fan's obsessiveness, with a fetishistic love of forgotten signs and talismans.[409]

Beide Schriften, Khayatis *De la Misère en Milieu Etudiant*, sowie Bertrands *Le Retour de la Colonne Durutti* wurden in kurzer Zeit weit über die Grenzen Frankreichs bekannt. Bertrands Comic wurd in Westeuropa und den USA oft in Form einer (vierseitigen) Beilage oder eines Features in alternativen Zeitschriften distribuiert.[410] Khayatis Text wurde schnell in mehr als zehn Sprachen übersetzt und "encouraged the unpre-cedented discussion of situationist analyses and the avant-garde heritage which informed them,"[411] im Zu-

---

haben. Vgl hierzu die ausführliche Schilderung der SI in dem Artikel "Unsere Ziel und Methoden im Strassburger Skandal." In: *SI Nr. 11* (1967), 269-278.

[405] Khayati, Mustapha (1995): *Über das Elend im Studentenmilieu betrachtet unter seinen ökonomischen, politischen, psychologischen, sexuellen und besonders intellektuellen Aspekten und über einige Mittel, ihm abzuhelfen.* [**orig.: 1967**] Abgedruckt in: Gallissaires/ Mittelstädt/ Ohrt (Hg): *Der Beginn einer Epoche*. Hamburg, 215-232.

[406] Vgl. Marcus (1989), 413f und Plant (1991), 94f.
[407] Vgl. Marcus (1989), 416.
[408] Vgl. Marcus (1989), 416.
[409] Marcus (1989), 420f.
[410] Vgl. Marcus (1989), 421.
[411] Plant (1991), 96.

ge dessen auch 1967 Raoul Vaneigems *Traité de Savoir-vivre à l'Usage des Jeunes Générations*[412] und Guy Debords *La Société du Spectacle* erschienen.

Die Finanzierung Khayatis und Bertrands Publikationen durch den Studentenbund und deren Distrubution führte zu einem Skandal. Zu diesem Zeitpunkt war "the situationist critique of Society [...] almost complete. The problem before them was one of publicising their position: of breaking the very real conspiracy of silence against them."[413] Rekurrierend auf Christoper Grays unveröffentlichten Entwurf seiner Studie *Leaving the 20th Century* beurteilt Greil Marcus die Möglichkeit der Provokation, die der SI durch die Straßburger Studenten offeriert wurde, jedoch viel negativer:

> [T]he group had all but left the public space; the scandals it made took place only in its journal. [...] "Their organization was no longer international. It was Parisian. [...] The drunken, tearaway exuberance of their Lettrist days was replaced by living up to the role of an incredibly austere rejection of everything apart from rejection." The Strasbourg students offered the SI a chance to go back to the world.[414]

Unabhängig davon, ob man die Position der SI 1966 als Phase des letzten Schliffes an ihrer Gesellschaftskritik oder als Stagnation der Bewegung beurteilt, kamen die Straßburger Studenten genau im richtigen Moment, um der SI einen neuen Schub zu geben und ihre Perspektive, die Kritik des Spektakels, endlich in Form einer konstruierten Situation in die Praxis umzusetzen zu können, wieder konkreter ins Auge zu fassen.

5.2. De la Misère en Milieu Etudiant

In der Broschüre *De la Misère en Milieu Etudiant* setzt Mustapha Khayati die situationistische Spektakelkritik fort, indem er die Studenten genauso in der Rolle der passiven Betrachterskritisiert wie alle übrigen Gruppen der Gesellschaft:

---

412 Vaneigem, Raoul (1980): *Handbuch der Lebenskunst zum Gebrauch für die junge Generation.* [**orig.: 1967**] Hamburg.
413 Gray (1996), 15.
414 Marcus (1989), 414f.

> Die Inszenierung der Verdinglichung als Spektakel innerhalb des modernen Kapitalismus zwingt jedem eine Rolle in der generalisierten Passivität auf. Der Student entgeht diesem Gesetz nicht. Er hat eine provisorische Rolle, die ihn auf die endgültige vorbereitet, die er als positives und bewahrendes Element im Getriebe des Warensystems erfüllen wird.[415]

Während einerseits, wie dieses Zitat bereits anklingen lässt, die Interessen der Studenten "mit den Interessen aller identisch sind,"[416] spricht Khayati der Jugend (und damit auch den Studenten) andererseits "eine unwiderstehliche Lebensgier" und einen Drang zur Rebellion zu, die "zur Kohärenz der theoretischen Kritik und zur praktischen Organi-sation dieser Kohärenz gelangen"[417] muss. Einfach gesagt, Khayati sieht in der Jugend, obwohl sie in das Spektakel genauso integriert ist wie die übrige Gesellschaft, den Träger der Revolution, d.h. den Träger einer praktischen Umsetzung der Kritik des Spektakels. An diesem Punkt greift Khayati die in Kapitel 2 bereits thematisierte Kritik an der Tatenlosigkeit der linken Parteien wieder auf und führt die Vorstellungen der SI weiter aus, in denen sich das Proletariat als Träger der Revolution konstituieren müsse: "Die Forderungen der Jugend müssen sich mit dem Widerstand einer Arbeiterklasse verbinden, [...] nur in einer gemeinsamen Perspektive kann ihr Kampf erfolgreich sein."[418] Damit erfährt die in Kapitel 2 thematisierte Vorstellung des Proletariats an dieser Stelle eine entscheidende Erweiterung, denn in dieser gemeinsamen Perspektive müssen sich, so Khayati, die Jugend und die Arbeiterklasse zu einem "neue[n] Proletariat" oder "dem als *Klasse konstituierten* Proletariat"[419] vereinigen. Diese Aus-führungen über die Vorstellung einer gemeinsamen 'Weltrevolution' kumulieren in der finalen Aussage, welche an die bereits in Kapitel 4 ausgeführten situationisti-

---

[415] Khayati (1995), 216. Hier erscheint mir zudem der Vergleich Khayatis von Gesellschaft als eine Maschine und dem Einzelnen innerhalb dieser Gesellschaft als ein Teilchen des 'Getriebe[s] des Warensystems' mit Foucaults Gesellschaftsvorstellung einer panoptischen Maschine, welche "wir selber in Gang halten - jeder ein Rädchen" zu korrespondieren. Vgl. Zitat Kap. 4.1.6. der vorliegenden Arbeit, 75.
[416] Khayati (1995), 225.
[417] Khayati (1995), 222f.
[418] Khayati (1995), 225.
[419] Khayati (1995), 229; Hervorhebung des Autors.

schen Vorstellungen der konstruierten Situation, des revolutionären Festes und der Inter-vention durch neue Arten des Spielens anknüpft:

> [D]ie befreite Kreativität der Konstruktion aller Augenblicke und Ereignisse des Lebens ist die einzige *Poesie* [...], die von allen gemacht wird, der Beginn des großen revolutionären Festes. Die proletarischen Revolutionen werden *Feste* sein oder sie werden nichts sein, denn das von ihnen angekündigte Leben wird selbst unter dem Zeichen des Festes geschaffen werden. Das *Spiel* ist die letzte Rationalität dieses Festes. Leben ohne tote Zeit und Genuß ohne Hemmungen sind die einzigen Regeln, die es anerkennen kann.[420]

Zusammenfassend lässt sich feststellen, dass Mustapha Khayati mit seiner Broschüre *De la Misère en Milieu Etudiant* die situationistische Kritik des Spektakels und deren Forderungen einer Revolution bis dato am prägnantesten formuliert und, wie es das Beispiel der Bestimmung des Proletariats zeigt, auch entscheidend erweitert. Gleich-zeitig kann man in Bezug auf die Betrachtung des Spektakels in *De la Misère en Milieu Etudiant* auch eine Vorwegnahme einiger der 221 Thesen von Debords folgender Veröffentlichung *La Société du Spectacle* lesen. So schreibt Greil Marcus:

> The essay boiled nearly a decade of situationist writing down to twenty-eight virulent pages, coolly and cruelly satirizing the university [...], professors, the 'Idea of Youth' [...], the 'celebrities of Unintelligence [...], modern culture [...], not to mention the work ethic, the government, the economy, the church, and the family.[421]

Im Hinblick auf den Mai '68 ist zudem festzuhalten, dass zwar Khayatis "call for a 'fusion of student youth and advanced workers' appears utopian in the light what happened or failed to happen, but the situationists were virtually the only grouping to recognise such a possibility before the events started."[422]

---

[420] Khayati (1995), 232; Hervorhebung des Autors.
[421] Marcus (2002), 17.
[422] Reader (1993), 53.

5.3. Nanterre

Die eigentlichen Protestbewegungen, welche die Studentenunruhen 1968 auslösten und dann in einem Generalstreik kumulierten, nahmen ihren Ausgangspunkt an der Universität Nanterre. Ursachen für dieses 'Aufbegehren der Studenten',[423] lassen sich in den Spannungen und Konflikten der universitären Strukturen finden, die sich beispielsweise in Form der rapiden Steigerung der Studentenzahlen "bei gleichzeitiger Aufrechterhaltung der traditionellen Organisation und Zielsetzung der Universität"[424] ausdrückten. In Nanterre radikalisierten sich die Spannungen, initiiert durch Proteste gegen die Hausordnungen der geschlechtlich streng getrennten Studentenwohnheime und gefördert durch die im Gegensatz zu anderen Universitäten wesentlich jüngeren Lehrkräfte. Hier unterrichtete in dieser Zeit auch der Soziologe Henri Lefèbvre, aus dessen Seminaren die meisten Träger der Proteste kamen,[425] und der, wie bereits Kapitel 3 thematisierte, für einen kurzen Zeitraum in engem Kontakt mit der SI stand.

Nach dieser ersten, gegen die strenge Hausordnung gerichteten Protestwelle spitzte sich die Lage zu, als der deutsche Student Daniel Cohn-Bendit die offizielle Einweihung des neuen Schwimmbads durch den Sport- und Jugendminister François Miscoffe störte. Diesem relativ harmlosen Zwischenfall - Cohn-Bendit fragte den Minister, warum dieser in seiner dreihundertseitigen Schrift über die Jugend kein einziges Wort über deren sexuelle Probleme verliere, worauf dieser sich provoziert fühlte und "autoritär und repressiv reagierte"[426] - folgten Sanktionen gegen Cohn-Bendit, die ihn und die studentische, anarchistische Gruppe Liaison des Étudiantes Anarchistes (LEA), der Cohn-Bendit angehörte, schlagartig bekannt machten. Gilcher-Holtey bezeichnet in ihrem Aufsatz "Guy Debord und die Situationistische Internationale" diese "Schwimmbad-Affäre in Nanterre" als "ein Schlüsselereignis für die französische Mai Bewegung" und veranschaulicht an diesem Beispiel "Elemente der

---

[423] Vgl. Gilcher-Holtey (1995), 107.
[424] Gilcher-Holtey (1995), 108. Für eine ausführliche Auseinandersetzung mit den Ursachen für die internen universitären Spannungen: vgl. jedoch Gilcher-Holteys umfassende Analyse, 105-170.
[425] Vgl. Gilcher-Holtey (1995), 124.
[426] Gilcher-Holtey (1995), 129, vgl. auch *Der Spiegel*. (Nr. 20, 13. Mai, 1968), 115-117.

Konstruktion von Situationen."[427] So beschreibt sie den Vorgang wie folgt:

> Kontingenzen, Spontaneität und bewußtes Spiel kennzeichnen die Intervention, die spontane Empörung auslöst und durch einen Strafbefehl, den der Minister gegen den Studenten erhebt, die studentische Empörung in Handlung umschlagen läßt. Sie geben ihre Passivität auf. [...] [A]us passiven Zuschauern [werden] demonstrierende und protestierende Akteure gemacht [...]. Der Vorfall hat eine Veränderung der Wahrnehmung, der Haltung und Einstellung zum alltäglichen Geschehen hervorgebracht [...].[428]

Die hier konstatierte Aussage lässt sich an die Ergebnisse in Kapitel 4 der vorliegenden Arbeit anknüpfen. Die spontane Intervention Cohn-Bendits machte die Machtstrukturen des scheinbar trivialen Ereignisses sichtbar und provozierte eine autoritäre Reaktion des Ministers, "die, so empfinden es die umstehenden Studenten, zur Hitler-Jugend passen würde, empört."[429] Aufgrund des durch Cohn-Bendit antizipierten Verhaltens des Ministers wurde ein Prozess in Gang gesetzt, welcher die Wahrnehmung der gesellschaftlichen, in diesem Fall universitären Strukturen und Ordnungen veränderte und eine Reaktion der Studenten initiierte, die diese Strukturen neu verhandelte.[430] Die Reaktion der Studenten entwickelte daraufhin eine Eigendynamik, die "[o]bwohl die strukturellen Spannungen an anderen Universitäten stärker ausgeprägt sind, [...] zum Ausgangspunkt des Protestes"[431] wurde. Damit resümiert Gilcher-Holtey unter anderem, dass die Entstehung der Studentenproteste als bloße Reaktion auf die "Strukturkrise an der Universität nicht hinreichend erklärt werden kann"[432] und kommt zu der Schlussfolgerung:

---

[427] Gilcher-Holtey (2000), 101 und 102.
[428] Gilcher-Holtey (2000), 102.
[429] Gilcher-Holtey (2000), 127.
[430] Der Frage, inwiefern Cohn-Bendit in diesem Augenblick bewußt 'situationistisch' handelt, ist hier meines Erachtens von keiner großen Relevanz. Gilcher-Holtey stellt jedoch fest, dass Cohn-Bendit selbst eine Beeinflussung durch die SI zugibt, obwohl er später anderen Faktoren (wie beispielsweise seiner liberalen Erziehung in der deutschen Odenwaldschule) vorrangigeren Einfluß zuspricht. Vgl. Gilcher-Holtey (1995), 128.
[431] Gilcher-Holtey (1995), 137.
[432] Gilcher-Holtey (1995), 136.

Der Fall Nanterre zeigt, wie Ereignisse in einem komplizierten sozialen Interaktionsprozeß Handlungsbereitschaft freisetzen und dadurch die Voraussetzungen schaffen für das Umschlagen von Spannungen in sozialen Protest. Durch Kontingenz von Handlungssituationen, in denen latente Protestbereitschaft in manifesten Protest überführt wird, entsteht eine Ereigniskette, die kausal für die Unruhen des Mai 68 ist.[433]

Diese 'kausale Ereigniskette' setzte sich nach dem Schwimmbad-Vorfall fort, indem sich die Strafandrohungen gegen Cohn-Bendit mit denen gegen zwei mit der SI sympathisierenden Studenten überschnitten, die der Gruppe der Enragés angehörten. Obwohl Cohn-Bendits anarchistische Gruppe LEA und die Enragés kaum Kontakt zueinander hatten, verband sie doch plötzlich die gemeinsame Strafandrohung und die damit einher-gehenden Solidarisierung der anderen Studenten mit ihnen.[434]

Die Enragés schlossen sich im Januar 1968 aus einer kleinen Gruppe von weniger als zehn Studenten zusammen. Ihr Name geht auf die Gefolgsleute von Jaques Roux zurück, "dem linken Gegenspieler Robespierres. Der Name signalisiert den Standort, an dem sich die Enragés innerhalb des linken Spektrums sehen: links von den Gruppen der extremen Linken, aus denen sie selbst hervorgegangen waren."[435] In ihren radikalen Aktionsstrategien der Sabotage, zeigten sie, "wie man durch gezielte Aktionen alltägliche Situationen verändern kann."[436] Damit orientierten sie sich an den Theorien und Strategien der SI, obwohl sie sich dagegen wehrten, als ihre Repräsentanten gesehen zu werden.[437] Durch die Enragés gelangt ebenfalls Khayatis Text *De la Misère en Milieu Etudiant* in Nanterre in Umlauf: "Die Broschüre war die Plattform, von der die Enragés in Nanterre ausgingen."[438]

Obwohl die sich in Nanterre formierende 'Bewegung des 22. März', die sich aus verschiedenen studentischen Teilorganisationen bildete, eine den Enragés ähnliche Strategie der "Aktion durch Provokati-

---

[433] Gilcher-Holtey (1995), 137.
[434] Vgl. Gilcher-Holtey (1995), 130.
[435] Gilcher-Holtey (1995), 144.
[436] Gilcher-Holtey (1995), 145.
[437] Vgl. Viénet (1992), 21f.
[438] Gilcher-Holtey (1995), 149.

on"[439] verfolgte, weigerten sich die Enragés, an dieser Bewegung beteiligt zu sein: "Die Enragés-Situationisten agierten ohne Rückbindung an die Masse der Studenten, die sie verachteten." Im Gegensatz zu dieser "Sekte von Gesinnungsethikern,"[440] wie Gilcher-Holtey die Enragés bezeichnet, integrierte die Bewegung des 22. März "situationistische Ideen erfolgreich in eine antisektiererische, auf Mehrheitsgewinnung ausgerichtete Strategie. [...] Sie war avantgardistisch in der Wahl ihrer Mittel, aber mehrheitsorientiert in ihren Zielen und Forderungen."[441] Innerhalb dieser Bewegung des 22. März kam Daniel Cohn-Bendit eine Schlüsselposition zu.

Eine gemeinsame Plattform zwischen der Bewegung des 22. März und den Enragés entstand jedoch Anfang Mai 1968 erneut, als die Verwaltung der Universität Nanterre durch die andauernden Proteste eine Schließung der Universität nicht verhindern konnte und gleichzeitig acht Studenten von Nanterre vor den Disziplinarrat der Sorbonne vorgeladen wurden. Unter diesen acht Studenten befanden sich sowohl Cohn-Bendit als auch René Riesel, einer der Enragés und Situationist. Diese beiden Ereignisse, so Viénet, "provoked an expansion of the agitation among Parisian students"[442] und trugen somit die Welle des Protestes nach Paris.

5.4. Die 'Nacht der Barrikaden'

An dieser Stelle lässt der vor-gegebene Rahmen dieser Arbeit eine detaillierte Analyse der ein-zelnen Faktoren, welche die jewei-ligen Demonstrationen und Proteste initiierten, weiter trieben und schließlich auch in einer Welle der Gewalt und Zerstörung eskalieren ließen, nicht zu. Deshalb seien hier nur spotlight-artig die wichtigsten Ereignisse zusammengefasst. Nach der Schließung der Universität Nan-terre folgte am 3. Mai eine friedliche Demonstration der Studenten im Innenhof der Sorbonne. Aufgrund verschiedener Verknüpfungen umzingelte die Polizei den Hof und verhaftete eine große Zahl der Studenten, unter ihnen alle Organisatoren der Demonstration. "As the police carried them away, the Latin Quarter erupted. [...] It was the first time in many years that several thou-

---

[439] Gilcher-Holtey (1995), 162.
[440] Gilcher-Holtey (1995), 162.
[441] Gilcher-Holtey (1995), 163.
[442] Viénet (1995), 24.

sand students in Paris had fought the police for so long and with such energy."[443] Die folgende Woche vom 6. bis 10 Mai verweigerten die Studenten jegliche Verhandlungen - denn die inhaftierten Kommilitonen sollten frei gelassen werden. Man versammelte sich, debattierte und brachte eine Reihe von Flugblättern in Umlauf. Diese Phase kul-minierte in der so genannten 'Nacht der Barrikaden' am 10. Mai.[444] Gilcher-Holtey schreibt dieser Nacht der Barrikaden einen 'situativen' Charakter zu, welcher die Ent-wicklungsdynamik der Studentenbewegung neben den staatlichen Reaktionen und denen sich bereits eingeschalteten Vermittlungsinstanzen, wie Gewerkschaften und Par-teien, maßgeblich beeinflusst und die Protestbewegung "räumlich und sozial" aus-dehnt.[445]

Was genau der Auslöser für die Errichtung der ersten Barrikaden war, kann nicht mehr rekonstruiert werden. Wichtig ist jedoch, dass es sich bei den Barrikaden um "ein historisches Zitat"[446] der Pariser Kommune von 1871 handelte.[447] Im Gegensatz zu 1871 entstanden in dieser Nacht die Barrikaden jedoch "ohne funktionalen Zweck"; sie besaßen, so Gilcher-Holtey, "keinen instrumentellen, sondern expressiven Charak-ter."[448] Interessant ist in diesem Zusammenhang auch eine Aussage Cohn-Bendits, die eine Assoziation zwischen der Errichtung der Barrikaden mit situationistischen Vor-stellungen der "ewigen Fete und Schöpfung von Situationen"[449] herstellt: "C'est simple, vous faites évacuer les flics, vous ouvrez la Sorbonne, moi, je trouve trois ou quatre orchestres et c'est la fête. Il ne passera rien d'autre. Les gens danseront, boiront, seront heureux."[450] So schreibt auch Reader in seiner Analyse von '68, die situationistische "idea of

---

[443] Viénet (1992), 26.
[444] Vgl. Reader (1993), 10f.
[445] Gilcher-Holtey (1995), 232.
[446] Gilcher-Holtey (1995), 240. Auch Reader stellt Anspielungen auf die Pariser Kommune heraus. Vgl Reader (1993), 3.
[447] Vgl. Abb. 15. Auch die SI sah die Pariser Kommune als Vorbild für die bevorstehende Revolution. In ihrer Zeitschrift *internationale situationniste* finden sich zahlreiche Anspielungen auf die Pariser Kommune. Vgl. auch Auseinandersetzung der SI mit Lefèbvre (der angeblich den situationistischen Text "Über die Kommune" für seine eigenen Publikation zu diesem Thema plagiiert haben soll) in Kap. 3.6.1. der vorliegenden Arbeit.
[448] Gilcher-Holtey (1995), 240.
[449] "Der Beginn einer Epoche." (*SI Nr. 12*, 1969), 332.
[450] Cohn-Bendit zitiert in: Gilcher-Holtey (1995), 251.

revolution as festival or carnival has never come so close to realisation as in May."[451]

Im Hinblick auf die in Kapitel 3 und vier erörterte Benutzung des öffentlichen Raums durch die SI und des Verständnisses der konstruierten Situation als eines Wahrnehmungsmoduses, kommt dieser 'Nacht der Barrikaden' unter dem Aspekt der Verwirklichung situationistischer Ideen eine Schlüsselposition zu. Was in dieser Nacht eine radikale Veränderung erfährt, ist nicht nur die Benutzung des öffentlichen Raums, seine Rekuperation oder Eroberung, sondern auch die Wahrnehmung dieses Raums. So schreibt beispielsweise Reader, "What was remarkable about the politicisation of the streets in May was that it did not spring from a lack of representative institutions, but from their suddenly, and it seemed all but unanimously, perceived inadequacy."[452] Für diesen Wandel der Wahrnehmung sind unterschiedliche Faktoren verantwortlich, die an dieser Stelle nicht näher ausgeführt werden können.[453] Wichtig ist hier jedoch, dass sich die Wahrnehmung von einer studentischen Protest-aktion binnen weniger Stunden hin zu einer sozialen, gesellschaftlichen und vor allen Dingen politischen Auseinandersetzung mit dem Staat verändert hatte. "The street became a political space, thereby indicating the political emptiness of specialised places. [...] Social space changed its sense."[454] Meines Erachtens explizit auf die Kon-struktion von Situationen rekurrierend kommt Gilcher-Holtey zu folgender Inter-pretation der 'Nacht der Barrikaden':

> Die Barrikadennacht durchbricht den Alltag und die normale Ordnung der Dinge, hebt die Trennung zwischen verschiedenen Feldern auf, synchronisiert die Wahrnehmung von sozial heterogenen Gruppen, fordert zur Stellungnahme heraus, macht die Zeit zur öffentlichen Zeit, identisch für alle, gemessen an denselben Bezugspunkten. Sie schafft eine neue Situation, aus der heraus neue soziale und politische Konstellationen, Optionen und Verhaltensweisen entstehen.[455]

---

[451] Reader (1993), 53.
[452] Reader (1993), 103.
[453] Für eine ausführliche Darstellung vgl. Gilcher-Holtey (1995), 232-258.
[454] Lefèbvre, zitiert in Reader (1993), 103.
[455] Gilcher-Holtey (1995), 258.

So betrachtet handelte es sich bei den Aktionen dieser Nacht tatsächlich um die Konstruktion von Situationen im Sinne eines "Interventionsverfahren[s] in das alltägliche Leben", sowie der "konkreten Konstruktion kurzfristiger Lebensumgebungen,"[456] anhand derer Gesellschaft als Ganzes verändert werden sollte und teilweise auch wurde. Denn das unverhältnismäßig gewaltsame Eingreifen der Polizei in dieser Nacht[457] führte die Ereigniskette fort, indem sie die Solidarisierung der französischen Bevölkerung mit den Studenten weiter vorantrieb.

> Die Synchronisierung der Wahrnehmung sozial heterogener Gruppen [...] dynamisierte den Mobilisierungsprozeß. Die Bewegung dehnte sich räumlich und sozial aus. Der Funke des Protestes sprang auf das ganze Land und neue Trägerschichten über, die sich, empört über die Brutalität des Polizeieinsatzes in der Nacht der Barrikaden, mit den Opfern der Gewalt solidarisierten. Oppositionsparteien und Gewerkschaften stellten sich hinter die Protestbewegung der Studenten.[458]

Es folgte am Morgen des 13. Mai der Generalstreik von fast einer Million Arbeitern und Studenten, und die Sorbonne wurde besetzt. Am 14. Mai gründete sich daraufhin das Komitee der Besetzung der Sorbonne, unter ihnen der Enragé René Riesel. Dieses Komitee wird auch einige Texte der SI in Auflagen von 150.000-200.000 Kopien in Form von Handzetteln und Flugblättern verteilen.[459] Am selben Tag legten die Arbeiter der Flugzeugwerke Sud-Aviation ihre Arbeit nieder und einen Tag später begannen die Arbeiter der Renault Fabrik in Cléon mit ihrem Streik. Am Abend jenes Tages, dem 15. Mai, stürmte eine Gruppe von Protestlern das Odéon Theater als gerade die letzen Theaterbesucher das Gebäude verließen.[460]

Resümierend lässt sich feststellen: "Mit der Freisetzung vom Arbeitszwang und von den durch ihn auferlegten sozialen Rollen brach sich eine verstärkte Wahrnehmung Bahn - des Selbst, des An-

---

[456] Debord (1995c), 36 und 39.

[457] Gilcher-Holtey schreibt: "Um 2.12 Uhr begann einer der gewaltsamsten und brutalsten Polizeieinsätze im Paris der Nachkriegszeit [...].Gilcher-Holtey (1995), 255.

[458] Gilcher-Holtey (1995), 259.

[459] So beispielsweise der Text "Minimale Definition der Revolutionären Organisation" (*SI Nr. 11*, 1967); vgl. Gray (1996), 19.

[460] Vgl. Viénet (1992), 52.

deren, der politisch-sozialen Situation."⁴⁶¹ Allerdings muss hier auch festgestellt werden, dass die Ereignisse des Mai zwar eine Veränderung der Wahrnehmung beinhalteten, diese jedoch nur von kurzfristiger Dauer war, da zwar das "gesteigerte Lebensgefühl [...] die Bereitschaft zur Veränderung von festgefahrenen Strukturen"enthielt, dieses jedoch de facto "keine Strukturveränderung" zu erzeugen vermochte. "Negation des Bestehenden schlug nicht um in Kreation einer neuen, anderen kulturellen und sozialen Ordnung."⁴⁶²

5.5. die Bewegung des Mai '68 und die Umsetzung Situationistischer Theorie

Dieses 'Manko', das Fehlen einer tatsächlichen Strukturveränderung, kann man am Beispiel der Besetzung des Odéon Theaters besonders gut beobachten. Die Besetzung des Odéon Theaters erfolgte aus der Motivation heraus, einen "Sabotageakt gegen die Kultur der Konsumgesellschaft"⁴⁶³ durchzuführen. Paradoxerweise verstand sich das Odéon mit seinem Leiter Barrault selbst als 'links' orientiert und avantgardistisch. Da das Theater jedoch ein staatliches war, richtete sich die Okkupation einerseits gegen "eine Institution herrschender Kultur," andererseits aber auch gegen "eine Bastion 'linker' Kul-turschaffender, die, aus Sicht ihrer Kritiker, mit Staatsgeldern revolutionäre Stücke spielten, ohne Revolutionäre zu sein."⁴⁶⁴ Die besetzende Gruppe bestand aus Studenten, Intellektuellen und Künstlern, darunter auch der französische Happening - Künstler Jean-Jacques Lebel, sowie Julian Beck, der Begründer des Living Theater.

Nach der Besetzung des Theaters folgte ein Monat der Diskussionen und Debatten ohne weitere Theateraufführungen. Das passive Zuschauen eines Schauspiels wurde also durch ein aktives Sprechen und Diskutieren ersetzt. Michel de Certeau schreibt auf diese Ereignisse im Mai '68 rekurrierend: "on a pris la parole comme on a pris la Bastille."⁴⁶⁵ Für de Certeau ist das 'zu Wort kommen' damit ein

---

461   Gilcher-Holtey (1995), 443f.
462   Gilcher-Holtey (1995), 445.
463   Gilcher-Holtey (1995), 433.
464   Gilcher-Holtey (1995), 434.
465   De Certeau, Michel (1968): *La Prise de la Parole. Pour une Nouvelle Culture.* Paris, 27.

symbolischer Akt des "kulturellen Umsturzes"[466] und das Sprechen derer, die bis dato sprachlos blieben, ein Zeichen für das Aufbrechen der nicht länger gültigen Verknüpfung von Macht und ihrer Repräsentation.[467] "Nicht was, sondern daß gesprochen wurde zählte."[468] Die Aneignung des Sprechens an Orten des Schweigens ist also in diesem Sinne ein ebenso performativer Angriff auf die bestehende Ordnung wie die Aneignung des urbanen Raums durch Protestmärsche und die Errichtung von Barrikaden.

Obwohl diese Aneignung des Sprechens im Odéon Theater als 'kulureller Umsturz' gesehen werden kann, wurden innerhalb des Theaterraums kaum Veränderungen vor-genommen. Gesprochen wurde weiterhin nur auf der Bühne, wohingegen die Zuhörer im Zuschauerraum saßen.[469] Die von der SI angestrebte Aufhebung der Unterteilung von Akteur und Zuschauer wurde nicht realisiert, sondern es erfolgte lediglich eine 'Auswechslung' der alten Akteure und Zuschauer. "Die Stätte des 'Kulturkonsums' wan-delte sich dadurch in einen Ort des 'Revolutionskonsums'."[470]

Damit lässt sich feststellen, dass der Mai '68 zwar im Sinne der SI eine Verän-derung der Wahrnehmung von Gesellschaft und Realität erzeugte - die Akteure des Schauspiels veränderten sich - diese veränderte Wahrnehmung aber nur eine temporäre Veränderung bleiben konnte, da sich an der Struktur der Wahrnehmung nichts änderte. In diesem Zusammenhang schreibt Gilcher-Holtey auf die dem Mai '68 folgende Formierung der Neuen Linken rekurrierend:

> Die Gründe für ihr Scheitern lagen nicht in den Wertvorstellungen der Neuen Linken, sondern in ihrem Verzicht, diesen eine dauerhafte Handlungsstruktur und institutionelle Verankerung zu verleihen. So blieb 'Die Phantasie an die Macht' ein vitalistisches Programm, das Individuen faszinierte und mobilisierte, das jedoch Macht, die auf anderen Organisations- und Entscheidungsvoraussetzungen beruht als die Bewegung der Phantasie, nicht errang.[471]

---

[466] Gilcher-Holtey (1995), 437.
[467] Vgl. Reader (1993), 105.
[468] Gilcher-Holtey (1995), 437.
[469] Vgl. Gilcher-Holtey (1995), 439.
[470] Gilcher-Holtey (1995), 443.
[471] Gilcher-Holtey (1995), 471.

Auf ähnliche Weise lassen sich auch die Kritikpunkte der Idee einer konstruierten Situation formulieren. In Form der Besetzung der Sorbonne und des Odéon Theaters als auch in Form von Barrikaden und Protestzügen durch die Stadt lassen sich im Mai '68 durchaus die von der SI gedachten konstruierten Mikrozonen finden, welche zu einem "Bruch mit dem Alltag"[472] führen sollen.

Das theoretische Manko der Konstruktion von Situationen, die als positives Loch die Wirksamkeit der Veränderung von Gesellschaft als Ganzes haben sollte, findet sich ebenfalls im Scheitern des Mai '68, wie es Gilcher-Holtey mit 'Verzicht auf eine dauer-hafte Handlungsstruktur' im obigen Zitat bereits thematisiert. Auch bei der Idee der Konstruktion von Situationen erscheint es unklar, wie solche kreativen Leerstellen nicht bloß winzige, 'befreite' Zellen bleiben, sondern eine gesamtgesellschaftliche Form der Veränderung erzielen können. So kritisiert Hastings-King, wie bereits Kapitel 2 anklingen ließ, Debords Verortung der Revolution in dem Bereich der Subjektivität:

> The appropriation of urban space that Debord considered central to unitary urbanism - the paradigmatic constructed situation - was subjectively ordered. Subjectivity was the refusal of representation, a space of freedom for Debord [...]. [T]he problem was making this subjectivity public and thereby politically useful.[473]

Ebenso, wie Debord nicht vermochte, die individuellen Leidenschaften und Begierden mit einer kollektiven Handlungsweise zusammenzubringen, scheiterte auch der Mai '68 an diesem Punkt. So schreibt Gilcher-Holtey: "Die Individualisierung des revolutionären Impetus ohne Rückbindung an einen kollektiven Träger brachte einen kollektiven Individualismus hervor, der die subjektive Emanzipation mit der politischen, sozialen, kulturellen, nicht verknüpfte."[474] So, wie Debord die 'Gesellschaft des Spektakels' in all seinen Ausprägungen, Strukturen und Ordnungen analysierte und kritisierte, war auch die Bewegung des Mai '68 "[a]ntiinstitutionell in ihrer Wertorientierung, verfocht sie den Aufbau von Gegenmacht gegen bestehende Institutionen." Doch Debord und die Bewegung des

---

[472] Gilcher-Holtey (1995), 443.
[473] Hastings-King (1999), 39.
[474] Gilcher-Holtey (1995), 445.

Mai '68 als "aktionistisch formierte Gegenmacht brachte[n] keine stabilisierbare Gegenordnung hervor."[475]

Wie lässt sich nun abschließend die Rolle der SI bei diesen Ereignissen bestimmen? Die vorhergehenden Unterkapitel haben gezeigt, dass die SI am Straßburg-Skandal, in Nanterre und auch bei der Besetzung der Sorbonne nicht unbeteiligt war. Sadie Plant beschreibt den Einfluss der SI auf die Ereignisse des Mai '68 meines Erachtens sehr treffend:

> [W]hether one considers that the movement had a direct impact on the events or had merely voiced the experiences of those involved for long enough to make this appear to be the case, 1968 certainly came close to a vindication of the situationists' insistence that their ideas were 'in everyone's mind'. In the vocabulary, the tactics, and the aims expressed in the events, situationist theory seemed to come to its own barely a decade after the movement's inception.[476]

Plant beschreibt hier mit 'vindication' weniger die tatsächliche Realisierung der situa-tionistischen Ideen als eine - durchaus nicht unwichtige - theoretische Fundierung, eine ideologische Grundlage, derer sich die 'Revolutionäre' des Mai '68 dann bedienen konnten. Auf ähnlich Weise interpretiert auch Gray die Rolle der SI für den Mai '68: "[T]he extent to which they [die SI] had *prefigured* everything that materialised that May was little short of clairvoyant.[477] Das Wesentliche an der Erörterung des Einflusses der SI ist in diesem Sinne nicht der direkte Einfluss, die Beteiligung an den Ereignissen, sondern die Tatsache, dass die SI im Vorfeld eine theoretische Formulierung der bevorstehenden Ereignisse bot und damit auch einen Modus, mit dem die Ereignisse von '68 betrachtet werden konnten. "In the light of their ideas, it is easier to understand the most baffling aspects of the May movement."[478]

Welche Perspektive eröffnete sich für die SI jedoch nach diesem Mai? Gray beschreibt die Position sehr deutlich: "[T]he SI [...] finally received the accolade it has always dreaded: it entered 'the heaven of spectacle' by the scruff of the neck, and that was that."[479] "Der

---

[475] Gilcher-Holtey (1995), 472.
[476] Plant (1991), 93f.
[477] Gray (1996), 17; Hervorhebung des Autors.
[478] Pascal Dumontier zitiert in: Reader (1993), 53.
[479] Gray (1996), 20.

Sinn der Organisation ist ihr Scheitern" - so lautet der Titel einer Textsammlung der subversiven Aktion, einer deutschsprachigen Nachfolgebewegung der SI.[480] Der Titel kann als programmatisch für die SI gelesen werden. Die SI wehrte sich immer vehement gegen die Rekuperation durch das bestehende System. Durch die Ereignisse des Mai '68 waren ihre Ideen jedoch mit einem Male 'in aller Munde', die Kritik des Spektakels wurde sozusagen zum Mainstream und ihre permanente Haltung der Verweigerung wurde plötzlich eine Massenpraktik. "The SI became famous, and its truth stood out in all its bitterness: a brilliant theoretical critique of society without any grasp of the real problems what to do about it."[481] Die letzte Ausgabe ihrer Zeitschrift wurde im September 1969, also mehr als ein Jahr nach dem Mai '68, herausgebracht. Der erste Artikel der Ausgabe trugt den Titel: "Der Beginn einer Epoche" und diskutierte auf 35 Seiten en detail die Ereignisse des Mai '68. Der Artikel endet mit dem Satz: "Von jetzt an sind wir sicher, dass unsere Aktivität zu einem zufriedenstellenden Ende führt: die S.I. wird aufgehoben werden."[482] Und so geschah es tatsächlich. "The organisation broke up amidst bitter tactical wrangling over 1969-70. Khayati and Viénet resigned. Vaneigem fried, predictable enough. The others went their different ways."[483]

---

[480] Vgl, Ohrt, Roberto (1995): "Das 20. Jahrhundert verlassen. Ein Vorwort." In. Gallissaires/ Mittelstädt/ Ohrt (Hg.): *Der Beginn einer Epoche.* Hamburg, 8.
[481] Gray (1996), 20f.
[482] "Der Beginn einer Epoche." (*SI Nr. 12*, 1969), 364.
[483] Gray (1996), 21.

6. Schlussbemerkung

Wenn Christoph Schlingensief vor einer kleiner Kirche, der *Church of Fear*, auf der Frankfurter Hauptwache Angst und Terror predigt, so

> stellt [er] den Betrachter vor die Entscheidung, das, was er vor sich sieht, als reale Lebenspraxis oder als eine theatralische, künstlerische Inszenierung dieser Praxis wahrzunehmen. Diese Entschei-dung wird dem Betrachter nicht abgenommen - und damit bekommt die Kirche der Angst ihre eigentliche Aktualität und Schärfe.[484]

Der Betrachter dieser Aktion muss also einen Wahrnehmungsmodus wählen, mit dem er die sich ihm präsentierenden Handlungen in Relation zu seinem eigenen, alltäglichen Leben und Handeln setzt. Die Wahl dieses Modus bestimmt damit, welche Position der Betrachter zu dem Wahrgenommenen einnimmt: Ist er interessierter Theaterbesucher, gläubiger Anhänger oder bloß kopfschüttelnder Passant?

Die vorliegende Arbeit untersuchte die französische Avantgarde-Bewegung Situationistische Internationale im Hinblick auf ihre künstlerischen wie auch politischen Praktiken innerhalb des öffentlichen Raums, insbesondere der Konstruktion von Situa-tionen. Zentrale Fragestellung war, inwiefern diese Praktiken die Wahrnehmung und damit den Umgang mit öffentlichem Raum und Gesellschaft an sich veränderten.

In Tradition der Historischen Avantgarde stehend ließ sich die SI als eine künstlerische Gruppierung beschreiben, deren erklärtes Ziel sich in einer allgemeinen Protesthaltung gegenüber der bürgerlichen Gesellschaft, insbesondere des Kapitalismus und des Spektakels ausdrückte. Im Zuges dessen proklamierte sie eine gesamtgesellschaftliche Revolution, die durch gezielte Interventionen in den öffentlichen Raum initiiert werden sollte und die ich unter Bezugnahme auf Holger Kube Venturas Ausführungen als 'Kunst mit *politics*' beschrieben habe. Die sich innerhalb des Stadtraums vollziehenden Praktiken der SI brachen mit der standardisierten Wahrnehmung von öffentlichem Raum und versuchten die gesellschaftlichen Machtstrukturen sichtbar zu machen, die sich in und durch

---

[484] Groys, Boris (2004): "Die Angst des Künstlers." In: *Schauspielhaus Zürich* (Nr. 5, Februar 2004), 11.

diesen Raum ausdrücken. Die Konstruktion von Situationen habe ich dabei als eine Form der Theatralität respektive als einen Wahrnehmungsmodus beschrieben, welcher die als 'natürlich' oder 'real' erscheinende Sicht auf den urbanen Raums als einheitliches Ganzes als eine Illusion herausstellte. In diesem Sinne kann die Konstruktion von Situationen als ein spielerischer Umgang mit dem urbanen Raum und der Perspektive auf diesen betrachtet werden. Die Praktiken der SI im öffentlichen Raum nahmen gesellschaftlichen Strukturen und Ordnungen ihren Schein der Unveränderlichkeit und zeigten sie als dynamische Prozesse, die durchaus beeinflussbar sind.

Die theoretischen Forderungen einer gesamt-gesellschaftlichen Revolution sowie die praktischen Interventionen der SI wurden mit der Untersuchung des Einflusses der SI auf den Mai '68 in einen geschichtlichen Kontext gestellt. Dabei stellte sich heraus, dass die Studentenunruhen und der Generalstreik zwar die Wahrnehmung von ge-sellschaftlicher Realität veränderten, diese Veränderungen jedoch nur einen temporären Ausnahmezustand bildeten und an den Strukturen der Gesellschaft per se nichts änderten. Trotz der relativen Folgenlosigkeit der Proteste auf die unmittelbaren gesellschaftliche Ordnung sind die beschriebenen Vorgänge von nachhaltiger Bedeutung, da in jenem Mai '68 der öffentliche Raum zum Ort einer Neuverhandlung ökonomischer, politischer wie sozialer Vorstellungen wurde, deren Auswirkungen die 'Gesellschaften des Spektakels' bis heute maßgeblich beeinflusst haben.

Welchen 'Wert' hat nun das situationistische Gedankengut auf kunst-politische Aktivisten im öffentlichen Raum heute? Weiterführende Auseinandersetzungen mit den Praktiken der SI und ihres subversiven Potentials für heutige Formen der Kritik an gesellschaftlichen Formationen müssten sich vor allen Dingen mit der Entwicklung und Veränderung der 'Gesellschaft des Spektakels' beschäftigen. Welche Beschaffenheit hat die 'Gesellschaft des Spektakels' heute? Wie funktionieren die sich in ihr vollziehenden gesellschaftlichen Prozesse und wie werden sie wahrgenommen, bzw. vermittelt? Damit wären vor allen Dingen die mediale Vermittlung kunst-politischer Aktionsformen als auch deren Nutzung dieser Medien respektive des Internets zu untersuchen. So schreibt Jonathan Crary:

> Whether these practices [*dérive*, *détournement*, Konstruktion von Situationen] have any vitality or even relevance today depends in large measure on what an archaeology of the

present tells us. Are we still in the midst of a society that is organised as appearance? Or have we entered a non-spectacular global system arranged primarily around the control and flow of information, a system whose management and regulation of attention would demand wholly new forms of resistance and memory?[485]

---

[485] Crary (2002b), 464.

7. Literaturverzeichnis

7.1. Primärliteratur

Debord, Guy (1995a): "Einführung in einer Kritik der städtischen Geographie." **[orig.: 1955]** In: Gallissaires, Pierre/ Mittelstädt, Hanna/ Ohrt, Roberto (Hg.): *Der Beginn einer Epoche.* Hamburg, 17-20.

Debord, Guy und Wolman, Gil J. (1995b): "Gebrauchsanweisung zur Zweckentfremdung." **[orig.: 1956]** In: Gallissaires, Pierre/ Mittelstädt, Hanna/ Ohrt, Roberto (Hg.): *Der Beginn einer Epoche.* Hamburg, 20-28.

Debord, Guy (1995c): "Rapport über die Konstruktion von Situationen und die Organisations- und Aktionsbedingungen der internationalen situationistischen Tendenz." **[orig.: 1957]** In: Gallissaires, Pierre/ Mittelstädt, Hanna/ Ohrt, Roberto (Hg.): *Der Beginn einer Epoche.* Hamburg, 28-44.

Debord, Guy (1993): *Mémoires. (Structures Portantes D'Asger Jorn).* **[orig.: 1958]** Paris.

Debord, Guy (2002): "The Situationists and the New Forms of Action in Politics or Art." [orig.: 1963] In: McDonough, Tom (Hg.): *Guy Debord and the Situationist International: Texts and Documents.* Cambridge, Massachusetts.

Debord, Guy (1996): *Die Gesellschaft des Spektakels.* **[orig.: 1967]** Berlin.

Khayati, Mustapha (1995): "Über das Elend im Studentenmilieu betrachtet unter seinen ökonomischen, politischen, psychologischen, sexuellen und besonders intellektuellen Aspekten und über einige Mittel, ihm abzuhelfen." **[orig.: 1967]** In: Gallissaires, Pierre/ Mittelstädt, Hanna/ Ohrt, Roberto (Hg.): *Der Beginn einer Epoche.* Hamburg, 215-232.

Mittelstädt, Hanna (Hg.) (1976): *Situationistische Internationale 1958-1969. Gesammelte Ausgaben des Organs der Situationistischen Internationale.* (Band 1) Hamburg.

Mittelstädt, Hanna (Hg.) (1977): *Situationistische Internationale 1958-1969. Gesammelte Ausgaben des Organs der Situationistischen Internationale.* (Band 2) Hamburg.

7.2. Sekundärliteratur

Anonyma (1968): "Schlacht ohne Gnade." In: *Der Spiegel*. (20), 115-117.

Albright, Deron (2003): "Tales of the City: Applying Situationist Social Practice to the Analysis of the Urban Drama." In: *Criticism* (45, 1), 88-108.

Andreotti, Libero (1998): "'Stadtluft macht frei' (Max Weber): Die Urbane Politik der Situationistischen Internationale." In: Schrage, Dieter (Hg.): *Situationistische Internationale 1957-1972*. Ausstellungskatalog Museum moderner Kunst Stiftung Ludwig, Wien, 11-27.

Andreotti, Libero (2002): "Architecture and Play." [orig.: 2000] In: McDonough, Tom (Hg.): *Guy Debord and the Situationist International: Texts and Documents*. Cambridge, Massachusetts, 212-240.

Autonome A.F.R.I.K.A Gruppe/ Blissett, Luther/ Brünzels, Sonja (1997): *Handbuch der Kommunikationsguerilla*. Berlin.

Babias, Marius und Könneke, Achim (1998): *Die Kunst des Öffentlichen*. Amsterdam.

Balme, Christopher (1999): *Einführung in die Theaterwissenschaft*. Berlin.

Barish, Jonathan (1981): *The Antitheatrical Prejudice*. Berkeley.

Barrot, Jean (1996): "Critique of the Situationist International." [orig.: 1974] In: Home, Stewart (Hg.): *What is Situationism? A Reader*. Edinburgh, 24-63.

Best, Steven and Kellner, Douglas (1999): "Debord, Cybersituations, and Interactive Spectacle." In: *Substance* (18, 3), 129-156.

Blissett, Luther (1995): *Guy Debord is Really Dead*. London.

Böckelmann, Frank und Nagel, Herbert (Hg.) (2002): *Subversive Aktion*. [erw. Neuaufl., **orig.: 1974**] Berlin.

Bouseillers, Christopher (1999) : *Vie et Mort de Guy Debord*. Paris

Bracken, Len (1997): *Guy Debord - Revolutionary*. Venice, California.

Bredlow, Lutz (1983): "Die Dimension der Abwesenheit in der Inszenierung des öffentlichen Raumes." In: *Anschläge* (6), 41-46.

Brown, Bill (2000): "Henri Lefebvre's The Production of Space." In: *xcp - cross-cultural-poetics* (7), 52-61.

Bürger, Peter (1974): *Theorie der Avantgarde*. Frankfurt/Main.

Burns, Elizabeth (1972): *Theatricality. A Study of Convention in the Theatre and in Social Life*. London.

Carlson, Marvin (2002): "The Resistance to Theatricality." In: *Substance* (31, 2+3), 238-250.

Chollet, Laurent (2000): *L'Insurrection Situationniste*. Paris.

Clark, T.J. und Nicholson-Smith, Donald (2002): "Why Art Can't Kill the Situationist International." [orig.: 1997] In: McDonough (Hg.): *Guy Debord and the Situationist International: Texts and Documents*. Cambridge, 467-492.

Conrads, Martin (2003): "Den Netzaktivismus auf die Straße tragen." In: Babias, Marius und Waldvogel, Florian (Hg.): *Die offene Stadt. Anwendungsmodelle*. Ausstellungskatalog Kokerei Zollverein. Zeitgenössische Kunst und Kritik. Essen.

Crary, Jonathan (1984): "Eclipse of the Spectacle." In: Wallis, Brian: *Art after Modernism. Rethinking Representation*. New York, 283-294.

Crary, Jonathan (2002a): *Aufmerksamkeit: Wahrnehmung und moderne Kultur*. **[orig.: 1999]** Frankfurt/Main.

Crary, Jonathan (2002b): "Spectacle, Attention, Counter-Memory." [orig.: 1989] In: McDonough (Hg.): *Guy Debord and the Situationist International: Texts and Documents*. Cambridge, 455-488.

Critical-Art-Ensemble (2000): "Recombinant Theatre and Digital Resistance." In: *The Drama Review* (44, 4), 151-166.

Dannemann, Rüdiger (1997): *Georg Lukács zur Einführung*. Hamburg.

De Certeau, Michel (1988): *Kunst des Handelns*. **[orig.: 1980]** Berlin.

De Certeau, Michel (1968): *La Prise de la Parole. Pour une Nouvelle Culture*. Paris.

Debord, Guy (2002): *Guy Debord präsentiert 'Potlatch' (1954-1957): Informationsbulletin der Lettristischen Internationale*. **[orig.: 1987]** Berlin.

Debord, Guy (1985) *In girum imus nocte et consumimur igni*. **[orig.: 1978]** Berlin.

Debord, Guy (1997): *Panegyrikus*. **[orig.: 1989]** Berlin.

Deutsche, Rosalyn (1996): *Evictions. Art and Spatial Politics*. Cambridge, Massachusetts.

Deutsche, Rosalyn (1991): "Alternative Space." In: Wallis, Brian (Hg.): *If you lived Here. The City in Art, Theory, and Social Activism: A Project by Martha Rosler*. Seattle, 45-67.

Dreher, Thomas (2001): *Performance Art nach 1945: Aktionstheater und Intermedia. (Das Problempotential der Nachkriegsavantgarden. Band 3)* München.

Elmarsafy, Ziad (2001): *The Histionic Sensibility: Theatricality and Identity from Corneille to Rousseau.* Tübingen.

Féral, Josette (1982): "Performance and Theatricality: The Subject demystified." In: *Modern Drama* (15, 1), 170-181.

Féral, Josette (2002): "Theatricality: The Specificity of Theatrical Language." In: *Substance* (31, 2+3), 94-108.

Fiebach, Joachim (1996): "Theatralitätsstudien unter kulturhistorisch-komparatistischen Aspekten." In: Fiebach, Joachim und Mühl-Benninghaus, Wolfgang (Hg.): *Spektakel der Moderne. Bausteine zu einer Kulturgeschichte der Medien und des darstellenden Verhaltens.* Berlin, 9-68.

Fiebach, Joachim (2002): "Theatricality: From Oral Traditions to Televised 'Realities'." In: *SubStance* (31, 2+3), 17-41.

Field, Allyson (1999): "Hurlements en faveur de Sade: The Negation and Surpassing of Discrepant Cinema." In: *Substance* (18, 3), 55-70.

Finter, Helga (2000): "Theatre in a Society of the Spectacle." In: Voigts-Virchow, Eckart: Mediated Drama - Dramatized Media. Trier, 43-55.

Fischer-Lichte, Erika (1995): "Theatricality: A Key Concept in Theatre and Cultural Studies." In: *Theatre Research International* (20, 2), 85-89.

Fischer-Lichte, Erika (1995): "From Theatre to Theatricality - How to Construct Reality." In: *Theatre Research International* (20, 2), 97-105.

Fischer-Lichte, Erika (1998): "Auf dem Wege zu einer peformativen Kultur." In: *Paragrana* (7, 1), 13-29.

Foucault, Michel (1976). *Überwachen und Strafen.* **[orig.: 1975]**, Frankfurt/Main.

Foucault, Michel (1980): "The Eye of Power." In: Power/Knowledge. New York, 146-165.

Fried, Michael (1980): *Absorption and Theatricality: Painting and Beholder in the Age of Diderot.* Berkeley.

Gilcher-Holtey, Ingrid (2000): "Guy Debord und die Situationistische Internationale." In: Grimminger, Rolf (Hg.): *Kunst-Macht-Gewalt. Der ästhetische Ort der Gewalt.* München.

Gilcher-Holthey (1995): *"Die Phantasie an die Macht": Mai 68 in Frankreich.* Frankfurt/Main.

Goffman, Erwin (1977): *Rahmen-Analyse. Ein Versuch über die Organisation von Alltagserfahrungen.* **[orig.: 1974]** Frankfurt/Main.

Gombin, Richard (1978): *The Radical Tradition: A Study in Modern Revolutionionary Thought.* London.

Gran, Anne-Britt (2002): "The Fall of Theatricality in the Age of Modernity." In: *Substance* (31, 2+3), 251-264.

Gray, Christopher (1996): "Essays from Leaving the 20th Century." [orig.: 1974] In: Home, Stewart (Hg.): *What is Situationism? A Reader*. Edinburgh, 3-24.

Groys, Boris (2004): "Die Angst des Künstlers." In: *Schauspielhaus Zürich* (Nr. 5, Februar 2004), 10-11.

Harvey, David (1996): "Afterword." In: Lefèbvre, Henri: *The Production of Space*. Cambridge, Massachusetts, 425-434.

Hastings-King, Stephen (1999): "L'Internationale Situationniste, Socialisme ou Barbarie, and the Crisis of the Marxist Imaginary." In: *Substance* (18, 3), 26-54.

Haupt, Heinz-Gerhard und Hausen, Katrin (1979): *Die Pariser Kommune: Erfolg und Scheitern einer Revolution*. Frankfurt/Main.

Home, Stewart (1991): *The Assault on Culture. Utopian Currents from Lettrisme to Class War*. Edinburgh.

Huizinga, Johan (2001): *Homo Ludens: Vom Ursprung der Kultur im Spiel*. **[orig.: 1938]** Hamburg.

Hussey, Andrew (2001): *The Game of War. The Life and Death of Guy Debord*. London.

Jahraus, Oliver (2001): *Die Aktion des Wiener Aktionismus: Subversion der Kultur und Dispositionierung des Bewußtseins. (Das Problempotential der Nachkriegsavantgarden. Band 2)* München.

Jappe, Anselm (1999): "Sic Transit Gloria Artis: 'The End of Art' for Theodor Adorno and Guy Debord." In: *Substance* (18, 3), 102-128.

Jappe, Anselm (2001): *Guy Debord*. Paris.

Jappe, Elizabeth (1993): *Performance - Ritual - Prozeß: Handbuch der Aktionskunst in Europa*. München.

Jay, Martin (1984): *Marxism and Totality*. Cambridge.

Jay, Martin (1993): *Downcast Eyes. The Denigration of Vision in Twentieth-Century French Thought*. Berkeley.

Jorn, Asger (1987): *Heringe in Acryl*. Hamburg.

Kaufmann, Vincent (2002): "Angels of Purity." **[orig.: 1997]** In: McDonough (Hg.): *Guy Debord and the Situationist International: Texts and Documents*. Cambridge, 285-311.

Kaufmann, Vincent (2003): *Guy Debord: Die Revolution im Dienste der Poesie*. Berlin. Vorabdruck als Supplement der Wochenzeitung *Jungle World*, (2003/04, 1; 2)

Klein, Naomi (2000): *No Logo*. London.

Kluge, Friedrich (1989): *Etymologisches Wörterbuch der deutschen Sprache*. Berlin.

Knabb, Ken: (1981): *Situationist International Anthology*. Berkeley.

Kube Ventura, Holger (2002): *Politische Kunst Begriffe - in den 1990er Jahren im deutschsprachigen Raum*. Wien.

Läpple, Dieter (1991): "Essay über den Raum. Für ein gesellschaftswissenschaftliches Raumkonzept." In: Häußermann, Hartmut (Hg.): *Stadt und Raum. Soziologische Analysen*. Pfaffenweiler, 157-207.

Lefèbvre, Henri (1977): *Kritik des Alltagslebens*. **[orig.: 1962]** Kronberg/Ts.

Lefèbvre, Henri (1987): "The Everyday and Everydayness." In: *Yale French Studies* (73), 7-11.

Lefèbvre, Henri (1996): *The Production of Space*. **[orig.: 1974]** Cambridge, Massachusetts.

Lefèbvre, Henri (1990): *Die Revolution der Städte*. **[orig.: 1970]** Frankfurt am Main.

Levin, Thomas Y. (1989): "Dismantling the Spectacle: The Cinema of Guy Debord." In: Sussman, Elisabeth (Hg.): *On the Passage of a Few People Through a Rather Brief Moment in Time: The Situationist International 1957-1972*. Cambridge, Massachusetts, 72-124.

Löw, Martina (2001): *Raumsoziologie*. Frankfurt/Main.

Lukács, Georg (1983): *Geschichte und Klassenbewußtsein: Studien über marxistische Dialektik*. Darmstadt.

Malzacher, Florian (2003): "Die Kirche lebt." In: *Frankfurter Rundschau* (18.9.2003).

Marcus, Greil (2002): "The Long Walk of the Situationist International. In: McDonough (Hg.): *Guy Debord and the Situationist International: Texts and Documents*. Cambridge, Massachusetts, 1-20.

Marcus, Greil (1989): *Lipstick Traces. A Secret History of the Twentieth Century*. London.

Marwick, Arthur (1998): *The Sixties. Cultural Revolution in Britain, France, Italy and the United States, c.1958-c.1974*. Oxford.

Marx, Karl (1956): *Das Kapital*. **[orig.: 1867]** In: Marx, Karl und Engels, Friedrich: *Werke*. (Bd. 23) Berlin.

Marx, Karl und Engels, Friedrich (1976): *Manifest der Kommunistischen Partei*. [orig.: **1848**] Leipzig

Matzner, Florian (Hg.) (2001): *Public Art: Kunst im öffentlichen Raum*. Ostfilden-Ruit.

McDonough, Tom (2002): "Situationist Space." [orig.: **1994**] In: McDonough, Tom (Hg.): *Guy Debord and the Situationist International: Texts and Documents*. Cambridge, Massachusetts, 241-265.

Möntmann, Nina (2002): *Kunst als Sozialer Raum*. Köln.

Moser, Walter (2001): "Die Rückkehr des Barock in der Gesellschaft des Spektakels." In: Fischer-Lichte, Erika (Hg.): *Theatralität und die Krisen der Repräsentation*. Stuttgart, 281-298.

Murray, Timothy (Hg) (1997): *Mimesis, Masochism, and Mime; The Politics of Theatricality in Contemporary French Thought*. Michigan.

Nünning, Ansgar (1998): *Lexikon der Literatur- und Kulturtheorie*. Stuttgart.

Ohrt, Roberto (1990): *Phantom Avantgarde. Eine Geschichte der Situationistischen Internationale und der modernen Kunst*. Hamburg.

Ohrt, Roberto (1995): "Das 20. Jahrhundert verlassen. Ein Vorwort." In: Gallissaires, Pierre/ Mittelstädt, Hanna/ Ohrt, Roberto (Hg.): *Der Beginn einer Epoche*. Hamburg, 7-13.

Ohrt, Roberto (1998): "Der Herr des Revolutionären Subjekts: Einige Passagen im Leben von Guy Debord." In: Schrage, Dieter (Hg.): *Situationistische Internationale 1957-1972*. Ausstellungskatalog Museum moderner Kunst Stiftung Ludwig, Wien, 28-39.

Ohrt, Roberto (2000a): "Einleitung: Die Kunst war abgeschafft." In: Ohrt, Roberto (Hg.): *Das grosse Spiel. Die Situationisten zwischen Politik und Kunst*. Hamburg, 11-26.

Ohrt, Roberto (2000b): "N'écrivez jamais. Bibliographie zu den Situationisten 1990-1999." In: Ohrt, Roberto (Hg.): *Das grosse Spiel. Die Situationisten zwischen Politik und Kunst*. Hamburg, 171-219.

Passot, Odile (1999): "Portrait of Guy Debord as a Young Libertine." In: *Substance* (18, 3), 71-88.

Plant, Sadie (1992): *The Most Radical Gesture*. London.

Poster, Mark (1975): *Existential Marxism in Postwar France: From Sartre to Althusser*. Priceton, New Jersey.

Poster, Mark (2002): "Everyday (Virtual) Life." In: *New Literary History* (33), 743-760.

Reader, Keith (1993): *The May 1968 Events in France. Reproductions and Interpretations*. London.

Reinelt, Janelle (2002): "The Politics of Discourse: Performativity and Theatricality." In: *Substance* (31, 2+3), 201-215.

Ross, Kristin (2002): "Lefèbvre on the Situationists: An Interview." **[orig.: 1997]** In: McDonough, Tom (Hg.): *Guy Debord and the Situationist International: Texts and Documents.* Cambridge, Massachusetts, 267-283.

Röttger, Kati (2003): *Fremdheit und Spektakel. Theater als Medium des Sehens.* Habilitationsschrift, Mainz. (noch nicht veröffentlicht)

Rötzer, Florian (Hg.) (1991): "Von der Utopie einer kollektiven Kunst." In: *Kunstforum International* (116), 70-314.

Rumney, Ralph und Home, Stewart (1996): "The Situationist International and Its Historification. Ralph Rumney in Conversation with Stewart Home." **[orig.: 1989]** In: Home, Stewart (Hg.): *What is Situationism? A Reader.* Edinburgh, 134-139.

Sadler, Simon (1998): *The Situationist City.* Cambridge, Massachusetts.

Schechner, Richard (1985): *Between Theater and Anthropology.* Philadelphia.

Schrage, Dieter (1998a): "Interview: Jaqueline de Jong - Eine Frau in der Situationistischen Internationale." In: Schrage, Dieter (Hg.): *Situationistische Internationale 1957-1972.* Ausstellungskatalog Museum moderner Kunst Stiftung Ludwig, Wien, 68-71.

Schrage, Dieter (1998b): "L'Art versus Dépassement de L'Art. Ein anhaltender Konflikt - Am Beispiel von Spur." In: Schrage, Dieter (Hg.): *Situationistische Internationale 1957-1972.* Ausstellungskatalog Museum moderner Kunst Stiftung Ludwig, Wien, 54-66.

Schrage, Dieter (1998c): "'Drachenblut': Die 2. Situationistische Internationale." In: Schrage, Dieter (Hg.): *Situationistische Internationale 1957-1972.* Ausstellungskatalog Museum moderner Kunst Stiftung Ludwig, Wien, 72-73.

Schramm, Helmar (1990): "Theatralität und Öffentlichkeit. Vorstudien zur Begriffsgeschichte von 'Theater'." In: *Weimarer Beiträge* (36), 223-239.

Schramm, Helmar (1996): *Karneval des Denkens. Theatralität im Spiegel philosophischer Texte des 16.und 17. Jahrhunderts.* Berlin.

Seibert, Thomas (1995): "Das Subjekt der Revolten. Michel Foucaults Ästhetik der Existenz." In: *Die Beute* (8, 4), 19-31.

Seier, Andrea (2001): "Macht." In: Kleiner, Marcus S. (Hg.): *Michel Foucault: Eine Einführung in sein Denken.* Frankfurt/Main, 90-107.

Sennett, Richard (2000): *Verfall und Ende des öffentlichen Lebens. Die Tyrannei der Intimität.* **[orig.: 1974].** Frankfurt/Main.

Simmel, Georg (1983): *Schriften zur Soziologie.* Frankfurt/Main.

Sobol, Joshua (1987): "Theatricality of Political Theater." In: *Maske und Kothurn* (33, 3-4), 107-112.

Starobinski, Jean (1988): *Die Erfindung der Freiheit: 1700-1789*. Frankfurt a. M.

Turner, Victor (1990): "Are there Universals of Performance in Myth, Ritual, Drama?" In: Schechner, Richard und Appel, Willa (Hg.): *By Means of Performance: Intercultural Studies of Theatre and Ritual*. Cambridge, 8-18.

Ullrich, Wolfgang (2003): *Tiefer hängen. Über den Umgang mit der Kunst*. Berlin.

Vaneigem, Raoul (1980): *Handbuch der Lebenskunst zum Gebrauch für die junge Generation*. [orig.: 1967] Hamburg.

Viénet, René (1992): *Enragés and Situationists in the Occupation Movement, France, May '68*. [orig. 1968] New York.

Waldvogel, Florian (2003): "Culture Jamming. Die visuelle Grammatik des Widerstandes." In: Babias, Marius und Florian Waldvogel (Hg.): *Die offene Stadt. Anwendungsmodelle*. Ausstellungskatalog Kokerei Zollverein. Zeitgenössische Kunst und Kritik, Essen.

White, G.D. (2001): "Digging for Apples: Reappraising the Influence of Situationist Theory on Theatre Practice in the English Counterculture." In: *Theatre Survey* (42, 2), 177-190.

Wollen, Peter (1993): *Raiding the Icebox. Reflections on Twentieth-Century Culture*. London.

Radiobeitrag:

Langer, Michael (2003): *Sein Fett, sein Filz, sein Hase - der Künstler Christoph Schlingensief*. Bayern 2. Feature (04. 09. 2003).

Internetquellen:

http://on1.zkm.de/zkm/ausstellungen/debord (26. 11. 2003)

http://adbusters.org/creativeresistance/spoofads/fashion/ (20.01.2004)

Clark, T. J. [u.a.] (1994): *The Revolution of Modern Art and The Modern Art of Revolution*. http://www.notbored.org/english/html (16.10.2003)

8. Abbildungsverzeichnis:

Abb. 1: Jorn, Asger (1960/62): "Le barbar et la berbère." Öl auf Ölbild. In: Ohrt, Roberto (1990): *Phantom Avantgarde. Eine Geschichte der Situationistischen Internationale und der modernen Kunst.* Hamburg, Farbtafel VIII, keine Seitenangabe.

Abb. 2: "La Domination du Spectacle sur la Vie." *Internationale Situationniste* Nr. 11 (1967). In: *Internationale Situationniste.* Èdition Augmentée. Paris, 553.

Abb. 3: Debord, Guy (1957): *The Naked City.* In: Chollet, Laurent (2000): *L'Insurrection Situationniste.* Paris, 52.

Abb. 4: Debord, Guy (1957): *Discours sur les Passions de l'Amour. Guide Psychogeographique de Paris.* In: Ohrt, Roberto (1990): *Phantom Avantgarde. Eine Geschichte der Situationistischen Internationale und der modernen Kunst.* Hamburg, Farbtafel XIV, keine Seitenangabe.

Abb. 5:

http://carnegiemuseums.org/cmag/bk_issue/1998/novdec/feat6.htm (03.02.2004)

Abb. 6: Filmstill aus: Debord; Guy (1978): *In girum imus nocte et consumimur igni.* Abgedruckt in: Levin, Thomas Y. (1989): "Dismantling the Spectacle: The Cinema of Guy Debord." In: Sussman, Elisabeth (Hg.): *On the Passage of a Few People Through a Rather Brief Moment in Time: The Situationist International 1957-1972.* Cambridge, Massachusetts, Abb. 6.40, 104.

Abb. 7: Bentham, Jeremy (2001): "The Penitentiary Panopticon or Inspection House." [orig.: 1791] In: *CTRL[Space]. Rhetorik der Überwachung von Bentham bis Big Brother.* ZKM, Ausstellungsinformation, Karlsruhe, 3.

Abb. 8: Debord, Guy (1993): *Mémoires. (Structures Portantes D'Asger Jorn).* **[orig.: 1958]** Paris, keine Seitenangaben.

Abb. 9: "Portrait de L'Aliénation." *Internationale Situationniste* Nr. 11 (1967). In: *Internationale Situationniste.* Èdition Augmentée. Paris, 501.

Abb. 10: Bertrand, André (1966): *Le Retour de la Colonne Durutti.* In: Chollet, Laurent (2000): *L'Insurrection Situationniste.* Paris, 138.

In der Schriftenreihe *Kleine Mainzer Schriften zur Theaterwissenschaft* sind bisher erschienen:

Becker, Kristin:
Chicago. Ein Mythos in seinen
Inszenierungen.
(KMT, Band 1)
166 Seiten, 24,90 Euro, 2005
ISBN 3-8288-8929-8

Wiegmink, Pia:
Theatralität und öffentlicher Raum.
Die Situationistische Internationale am
Schnittpunkt von Kunst und Politik.
(KMT, Band 2)
146 Seiten, 24,90 Euro, 2005
ISBN 3-8288-8935-2

www.ingramcontent.com/pod-product-compliance
Lightning Source LLC
Chambersburg PA
CBHW030444300426
44112CB00009B/1161